Besucher von Innen

Lissa Royal und Keith Priest

G. Reichel Verlag

Copyright der amerikanischen Ausgabe
1992 Lyssa Royal & Keith Priest Research
P.O.Box 30973
Phoenix, Arizona, 85046, USA
Amerikanischer Titel: Visitors from Within
Titelbild: Corey Wolfe

Reifenberg 36
91365 Weilersbach

übersetzt von Birgit Jacobsen-Farber und Gertraud Reichel

ISBN 3-926388-26-9

Inhaltsverzeichnis

Widmung

Für alle Menschen, die dem Entführungsphänomen erlaubten, ihr Leben zu streifen.

Dank ihnen für ihr menschliches Pioniersein an der evolutionären Front.

Vorwort

Im September 1961 fuhren Betty und Barney Hill von einer Kanada-Reise zurück nach Hause in New Hampshire. Während dieser Fahrt hatten sie eine Begegnung mit dem Unbekannten. Sie sahen eine Fliegende Untertasse und erreichten ihr Heim mit einem unerklärlichen Zeitverlust von 2 Stunden. Barney fielen Schleifspuren an seinen Schuhspitzen auf. Betty erblickte Reihen von merkwürdigen, leuchtenden Kreisen auf der Motorhaube ihres Autos. Nach monatelangem psychologischen Streß fanden sie schließlich professionelle Hilfe durch stundenlange hypnotische Regressionen bei einem hervorragenden Bostoner Psychiater. Die Ergebnisse waren fast identisch; beide enthüllten Begegnungen mit kleinen, gräulichen humanoiden Wesen, die sie befragten und sie körperlich untersuchten. Die moderne Aera des UFO-Entführungsphänomens hatte begonnen.

Heutzutage existieren weltweit buchstäblich tausende von Berichten von Menschen, die nicht nur ein UFO gesehen haben, sondern tatsächlichen körperlichen Kontakt mit Außerirdischen hatten. Einige dieser Kontakte beschränkten sich auf freundliche Besuche von den "kleinen Grauen" oder "den Großen", während andere schreckliche Geschichten von Entführungen, wissenschaftlichen Experimenten und sexuellen Eingriffen erzählten.

Diese Darstellungen kommen nicht länger nur von den Randgestalten der Gesellschaft, und die Beweise, die ihre Stichhaltigkeit untermauern, sind überzeugend für alle - bis auf die Stursten der Skeptiker. Führt man gründliche Forschungen anhand des verfügbaren Materials über dieses Thema durch, wird es nahezu unmöglich sein zu beweisen, daß dieses Besucherphänomen und die Entführungen nicht real sind.

Dieses Buch untersucht das Entführungsphänomen von einem einzigartigen Blickpunkt aus. Wir folgen weder dem Weg der exakten Forscher, die nur mit höchst empirischen Daten operieren, was sehr oft die Entdeckung neuer Ideen einschränkt, noch nähern wir uns diesem Gegenstand von einem rein metaphysischen Standpunkt aus. Wir versuchen, eine Brücke zwischen den forschenden und den intuitiven Welten zu schlagen.

UFOs und Besucher stammen nicht aus unserer Realität. Deshalb richten sie sich nicht nach den *Gesetzen* unserer Wirklichkeit. Sie *nur* durch die Gesetze unserer Realität verstehen zu wollen, wird uns stets eine Armeslänge von jeder bedeutsamen Antwort entfernt halten.

Wir benötigen ein neues Weltbild, anhand dessen wir das Besucherphänomen verstehen können. Wir wissen bereits, daß unsere Begegnungen mit ihnen die Regeln des dreidimensionalen Gedankens, der Wahrnehmung und Wirklichkeit brechen; folglich müssen wir jenseits dessen gehen, was wir als wahr ansehen.

Wir müssen die Grenzen unserer Vorstellungskraft ausdehnen, um die Wände, die unsere Realität von der ihren trennt, zu durchbrechen. Nur dort - in diesem Reich, das bis jetzt unerklärlich blieb, werden wir unsere Antworten finden.

Die Autoren zogen es vor, zumindest für dieses Buch, sich nicht mit Gerüchten zu befassen, die in einigen an UFOs interessierten Gruppen kursieren und sich um Verträge der Regierung mit negativen Außerirdischen, schleichenden Invasionen und ähnlichen Geschichten ranken. Das "Bösartiger-Außerirdischer-"Syndrom ist eine Ablenkung, die oft die Bedeutung verschleiert, die die Menschheit mit den außerirdischen Begegnungen hat. Aus diesem Grund haben wir solche Betrachtungen nicht in diese Arbeit miteinbezogen.

Das Material in diesem Buch ergänzt in beträchtlichem Maße die bisherigen Erkenntnisse über das Besucherphänomen. Eine einzelne Quelle kann nicht alle Antworten bereitstellen, aber viele Quellen zusammen können die Wand niederreißen und uns die Besucher in einem neuen Licht erscheinen lassen. Es ist Zeit, die Sicht zu vergrößern. Es ist an der Zeit, daß wir zu verstehen beginnen.

Eine der Barrieren auf dem Weg zum vollständigen Verständnis sind sehr oft die Wörter und Bezeichnungen selbst. Es scheint, daß es in den Ufologie-Kreisen keine übereinstimmende Vereinbarung zum Gebrauch von Bezeichnungen gibt. Daher möchten die Autoren die speziellen Begriffe erklären, die sie für das Entführungsphänomen verwenden. Wir fordern den Leser auf, sich nicht an die Begriffe zu klammern, da wir sie nur der Einfachheit halber benutzen.

Die Ufologie hat die Tendenz, Begriffe wie **die Grauen** und **Zeta Reticuli** genauso wie **Eindringling** und **Besucher** für den gleichen Wesenstyp zu benutzen. Die Bezeichnungen Eindringling und Besucher umgeben die subjektive Ahnung einer Erfahrung, wohingegen Graue und Zeta Reticuli eine objektivere, beschreibende Facette des Phänomens bezeichnen. Wir werden unsere Definitionen erklären, da es zwischen denen, die sich mit diesem Feld befassen, keine übereinstimmende Vereinbarung über den Gebrauch dieser Bezeichnungen gibt.

Hier ist eine annähernde Beschreibung der Wesenheit, mit der wir es bei dieser Erfahrung zu tun haben - es wurden auch andere Typen dokumentiert; aber das ist für unsere Untersuchung nicht relevant -: das Wesen ist annähernd zwischen 90 cm und 1,50 m groß (durchschnittlich 1 m bis 1,20 m) und die Hautfarbe variiert in Schattierungen der Farben Grau, Weiß und Beige. Gewöhnlicherweise sind sie haarlos, und der Kopf ist im Vergleich zum Körper überproportional groß. Normalerweise wird von einer nicht vorhandenen oder sehr kleinen Nase berichtet, obgleich einige weniger häufige Darstellungen große Nasen erwähnen. Sehr große Augen (gewöhnlich schwarz), anscheinend ohne sichtbare Pupille, sind Gegenstand der Berichte. Männer und Frauen, augenscheinlich ohne äußere Geschlechtsorgane, sind meist nicht voneinander zu unterscheiden.

Die Bezeichnung **Graue** ist wahrscheinlich der am großzügigsten gehandhabte und allgemeinste Begriff im heutigen Gebrauch. Wir verwenden diese Bezeichnung aufgrund der starken negativen Nebenbedeutung nicht, weil wir sie nicht zu fördern wünschen. Wir werden uns jedoch den symbolischen Werten dieser Bezeichnung zuwenden. Wie erwähnt, erscheinen sie in verschiedenen Grauschattierungen. Diese Vorstellung ist äußerst bedeutsam, wenn man die energetische Orientierung der Besucher betrachtet - weder schwarz noch weiß. Üblicherweise sind sie ohne Emotionen und neutral, zeigen weder Wohlwollen noch böse Absichten (wenn auch viele diese Eigenschaften in sie hineinprojizieren).

Der Begriff **Zeta Reticuli** wurde für die Außerirdischen in Verbindung mit zwei separaten Kontaktfällen eingeführt, die beide umfassend untersucht wurden. Einer der beiden, am Anfang dieses Kapitels bereits erwähnt, ist der sehr bekannt gewordene UFO-Entführungsfall, der sich in New Hampshire im Jahr 1961 zutrug. Betty und Barney Hill begegneten einem UFO und kleinen Wesen mit großen Köpfen und großen, dunklen Augen. Betty unterzog sich wiederholt Hypnosesitzungen, um einige der Erinnerungen an dieses Erlebnis wieder hervorzuholen. Während ihrer Entführung wurde Betty eine Sternenkarte gezeigt, die sie später unter Hypnose wiedergab. Die Karte ergab keinen Sinn, bis mehrere Jahre später eine neue Sternengruppe entdeckt wurde. Von der südlichen Hemisphäre aus gesehen paßt die Sternengruppe Reticulum Rhomboidalis (das Rhomboidale Netz) in Betty's Beschreibung dieser Begegnung. Diese Sternengruppe beherbergt die zwei Sterne Zeta Reticuli 1 und Zeta Reticuli 2. Von da an nannten viele Einzelpersonen diese kleinen Außerirdischen die **Zeta Reticuli** oder die **Reticulum**. Umgangssprachlich sind sie bekannt als die **Zetas**.

Der zweite bedeutsame Fall ist der William-Herrmann-Fall, der 1977 begann und den Wendelle Stevens untersuchte. Sein Bericht wurde 1981 veröffentlicht. In diesem Fall erzählten die Außerirdischen dem Kontaktler, daß sie von den Sternen im Reticulum-System stammten. Beschreibungen der Körpertypen sind ähnlich genug, um darauf hinzuweisen, daß es sich um die gleiche (oder verwandte) Spezies handelt wie im Betty- und Barney-Hill-Fall.

Eine weitere Erforschung des Namens Zeta Reticuli bringt einige interessante Resultate. Reticulum ist ein lateinisches Wort, das mit "ein Netzwerk protoplasmischer Strukturen, wie Zellen oder Gewebe" erklärt werden kann. Diese Definition ist ein Schlüsselelement zum Verständnis unserer Beziehung zu dem Entführungsphänomen. Das ist es, was sie sind - ein Netzwerk von Körpern; individuelle Zellen eines jetzt noch unsichtbaren Einzelbewußtseins. Diese Wesen erleben das Universum nicht wie die Menschen durch individuelle Physiologie und psychologische Persönlichkeiten. Dieser Gedanke kann uns helfen, ihr bienenstockmäßiges Benehmen oder das Gruppenverhalten zu erklären, das von sehr vielen Zeugen beobachtet wurde.

Zeta, der griechische Buchstabe, von dem wir das Z unseres westlichen Alphabets ableiten, steht an letzter Stelle. Reticulum, wie bereits dargelegt, bedeutet "Netzwerk". Somit kann Zeta Reticuli das "letzte Netzwerk" bedeuten. Die Zeta Reticuli mögen in Wahrheit das letzte Netzwerk im Mosaik der menschlichen Evolution sein.

Die Autoren haben sich dafür entschieden, den Begriff **Zeta Reticuli** für diese kleinen Außerirdischen gelten zu lassen. Es besteht keine Verpflichtung, diese Bezeichnung anzuwenden, sie dient lediglich der Bequemlichkeit. Die Begriffsfindung für ihre Herkunft ist von geringer Bedeutung; jedoch kann die Beschaffenheit ihres Bewußtseins und ihrer Realität von höchster Wichtigkeit für die kommenden Jahrzehnte und Jahrhunderte sein.

Der Begriff **Besucher** wird in diesem Text häufig benutzt und wird auch wegen seines neutralen Begriffsinhalts bevorzugt. Besucher können irdisch sowie außerirdisch sein; auch können sie ein inneres und/oder äußeres Phänomen sein. Die Wesensart des Begriffs Besucher läßt neue und erweiterte Interpretationen zu.

Obwohl viele Leute dieses Phänomen als ein Eindringen einer äußeren Macht in ihr Leben empfinden, ist der Ausdruck **Eindringlinge** für unsere Zwecke ungeeignet. Wir wollen jedoch auch nicht versuchen, die Ansicht, sie seien Eindringlinge, zu entkräften, da dieses Phänomen höchst subjektiver Natur ist. Es muß in erster Linie auf einer individuellen, emotionalen Basis behandelt werden, bevor es gelöst werden kann. Wir denken, daß das Konzept des Eindringlings ein Weltbild aufbaut, das die dynamische Entwicklung von Gedanken und Emotionen nicht fördert, die zur Akzeptanz von persönlicher Kraft und Verantwortung dem Entführungserlebnis gegenüber führen.

Ein anderer bedeutender Grund für unsere Wahl, den Begriff Eindringling nicht zu verwenden, ist, daß er nicht den Gedanken der "Einladung" enthält, welcher ein Schlüsselkonzept für das Verständnis unserer Vorstellungen ist. Wir halten an dem Standpunkt fest, daß diese Entführer auf unsere Einladung hin hier sind; sie sind Besucher - und deshalb unsere Gäste. Sind wir, als eine Spezies, uns dieser Einladung gewahr? Auf der bewußten Ebene augenscheinlich nicht! Wir haben unseren Geist in einzelne Schichten aufgeteilt, um unsere Befürchtungen zu verdrängen. Oft interpretieren wir unsere Realität durch innere Zerrspiegel, um zu verdrängen, wer wir wirklich sind. Häufig scheuen wir uns vor einer ernsten, direkten Beziehung zu unserer Welt. Deshalb können sie sich uns in unserer Welt nicht unmittelbar nähern. Aber sie werden an uns herantreten; durch die Hintertüren, Nischen und Kellergeschosse unseres Geistes. *Sie müssen zu uns kommen - durch unsere Art der Wahrnehmung.*

Deshalb müssen die Besucher zu uns durch die Unwirklichkeit reisen, durch die Reiche, die wir in unserem täglichen Leben im Wachzustand verleugnen - die archetypischen und elementaren Reiche, das Traumreich und das Reich unserer Imagination. Diese Reiche sind für sie Wirklichkeit. Wie können wir ihnen den Eintritt zu einem Platz verwehren, den wir sowieso nicht als real betrachten?

Über die symbolhafte Grauheit der Besucher darf nicht geurteilt werden, wenn sie verstanden werden soll. Die Etiketten mit "schwarz und weiß", "gut und schlecht" resultieren aus Beurteilungen. Durch ihre Wechselwirkung gewähren sie uns eine Chance, uns in unsere eigene Grauheit hineinzuwagen - in eine Welt, in der wir nicht durch unsere Urteilssucht getröstet werden. Wie graue Schattierungen reflektieren sie uns unsere eigene Grauheit - keine Illusion von Schwarz und Weiß, keine Überzeugung von Gut und Böse. Diese neutrale Welt ist gefüllt mit Dämonen und Feen, Mythen, uralten Archetypen, modernen Archetypen, sich entwickelnden Archetypen. Dies ist ein Reich, in dem wir unsere neue Identität kreieren, so wie wir die Zukunft kreieren.

Man kann dieses Phänomen nicht durch bloßes Betrachten der kleinen grauen Körper und ihrer Raumschiffe verstehen. Auch ihr Verhalten zu analysieren, wird uns nicht das volle Verständnis darüber bringen, was sich ereignet. Wir müssen anfangen, den Teil von uns kennenzulernen, der ihnen die Einladung überbrachte. Wir müssen uns in die einzige, vereinigte Identität, die wir sind, hineinwagen, wenn wir jemals verstehen wollen, warum sie hier sind. Nun zu guter Letzt: es ist unser *Leugnen*, das bestimmt, auf welche Art sie sich in unserem Leben manifestieren.

Und sollten wir von den Umständen dieses Erlebnisses verwirrt sein, dann rührt es daher, daß wir darüber verwirrt sind, wer *wir* sind.

Einleitung

Der Inhalt dieses Buches kann auf vielerlei Art und Weise gelesen werden. Die Autoren bitten darum, ihn symbolisch zu verstehen. Für diejenigen, deren Leben mit dem Entführungsphänomen in Berührung kam, ist der Inhalt vielleicht nicht nur symbolisch, sondern sehr real. Ob symbolisch oder buchstäblich, das vorliegende Material in diesem Buch strebt danach, die Kluft zu überbrücken, die zwischen Wissenschaft und Intuition besteht.

Dieses Buch ist eine Kombination aus erzähltem, gechannelten Material und Berichten aus erster Hand. Viele Einzelpersonen mißtrauen gechanneltem Material, lehnen es ab, fürchten sich davor und verurteilen es vorschnell. Die Autoren bitten darum, dieses Buch nicht zu lesen, weil es gechannelt *ist* oder *nicht gechannelt ist.* Lesen Sie es, weil dieses Material einen alternativen Standpunkt präsentiert. Unsere Quellen erheben niemals den Anspruch, im Besitz *der* Wahrheit zu sein. Sie behaupten, daß sie über Informationen verfügen, die lediglich als Informationen angenommen werden sollen - Daten, die für das kollektive menschliche Verständnis bestimmt sind.

Das präsentierte Material in diesem Buch wurde von der Co-Autorin Lyssa Royal gechannelt und ist nur aus grammatikalischen und strukturellen Gründen überarbeitet worden. Die Niederschriften wurden bei entweder öffentlichen oder privaten Sitzungen vorgenommen, die das Entführungsphänomen zum Thema hatten. Die Quellen des gechannelten Materials sind weiter unten beschrieben.

Lyssa begann 1985 mit dem Channeln und wurde in aller Form von einem in höchstem Maße angesehenen Channelmedium in Los Angeles ausgebildet. Ihr Channelingverlauf war einzigartig, da sie verpflichtet wurde, ihre Fähigkeiten an die Grenzen zu treiben - in vielleicht unentdeckte Bereiche hinein. Ihrer Bereitschaft, ihre Fähigkeit auszuweiten, ist es zu verdanken, daß einige dieser Informationen übermittelt werden konnten. 1986 erweiterte sie mit Bedacht ihre Channelingfähigkeiten, um dadurch den Zutritt zu der Qualität und Tiefe der Informationen zu haben, die im Royal Priest Research's ersten Buch dargeboten werden: *The Prism Of Lyra* und nun auch in diesem: *Besucher Von Innen*.

Der Channelingprozeß selbst ist einfach. Lyssa bringt sich in einen meditativen Zustand, in dem sich ihre Persönlichkeit von ihrem normalen Wahrnehmungsbewußtsein abspaltet. Ein anderes Bewußtsein verbindet sich energetisch und telepathisch mit ihrem Gehirn und benutzt es dann als Übersetzungsvorrichtung für die erörterten Konzepte. Niemals wird sie von einer anderen Wesenheit "in Besitz" genommen. Es ist lediglich ein kooperativer Vorgang zwischen Lyssa und der Wesenheit. Dieser kann durch die Wahl des Channelmediums zu jeder Zeit unterbrochen werden. Nach Beendigung der Sitzung behält Lyssa nur eine traumähnliche Erinnerung an das, was sie von sich gab.

Während der Trance wurden die Wesenheiten durch Lyssa vom Co-Autor Keith Priest und/oder verschiedenen anderen Personen befragt, die der privaten oder öffentlichen Zusammenkunft beiwohnten. Die Publikumsfragen erscheinen in Kursivschrift und die gechannelten Antworten in normaler Schrift.

Es ist nicht nötig, daß der Leser daran glaubt, daß die Wesenheiten das sind, was sie vorgeben zu sein. Genauso unnötig ist es, die Informationen wörtlich zu nehmen. Viele werden mit dem präsentierten Informationen übereinstimmen und viele nicht. Die Darlegung *aller* Facetten dieses Themas ist notwendig für ein klares und vollständiges Verständnis des ganzen Bildes.

In diesem Buch kommen verschiedene Wesenheiten vor, die Lyssa channelte. Wir beschreiben sie nachfolgend, da alle unterschiedliche Persönlichkeiten besitzen, die sich in der Art der Darbietung ihres Materials widerspiegeln.

Germane betrachtet sich selbst als ein nichtkörperliches Gruppenbewußtsein. Er behauptet, eine zukünftige, zusammenhängende Version einer galaktischen Familie zu repräsentieren, von der wir hier auf der Erde ein Teil sind. Er spricht in den Channelings oft über die außerirdische Geschichte und ist verantwortlich für eine große Menge an Informationen im Royal Priest Research's erstem Buch, *The Prism Of Lyra.* Er wählte den Namen Germane, weil er im Englischen "aus der selben Quelle kommend" bedeutet. Es gibt keine Verbindung zu St. Germain. Der Begriff "er" wird in Bezug zu Germane nur aus Bequemlichkeit genutzt. Eigentlich ist Germane eine Gruppe und spricht von sich selbst als "wir".

Sasha bezeichnet sich selbst als eine körperliche Frau von den Plejaden. Sie ist 1,50 m groß mit hellbraunem, schulterlangem Haar und großen, hellbraunen Augen. Sie nennt sich selbst eine Kultur-Ingenieurin und ist auf die Herstellung von Kontakten zu Planeten spezialisiert, die bereit sind, der globalen Familie beizutreten. Sie hatte genauso Kontakte zu anderen außerirdischen Rassen wie zu der unseren und hält viele Informationen über die Beziehung zwischen verschiedenen Spezies und dem evolutionären Muster sich entwickelnder Planeten bereit.

Bashar sagt von sich, daß er ein physischer Mann aus der Essassani-Spezies ist. Der Name "Bashar" ist ein Begriff, der mehrere Bedeutungen hat: "der Mann" (arabisch), "der Bote" (armenisch) und "Kommandeur" (arabisch). Er wählte diesen Namen, um verschiedene Facetten seiner Persönlichkeit zu reflektieren. Die Essassani-Spezies kann auch als eine hybride Gattung beschrieben werden, die eine Kombination aus den Erdenmenschen und den Zeta Reticuli darstellt. Bashar wird nur von wenigen Menschen auf der Erde gechannelt und spricht selten durch Lyssa.

Harone behauptet von sich, ein Repräsentant der Zeta Reticuli-Spezies (den Besuchern) zu sein. Er ist in seiner Arbeit für die Koordinierung einiger genetischer Forschungsprojekte, die die Zeta Reticuli durchführen, verantwortlich.

Gechanneltes Material von einem Wesen von Zeta Reticuli durchzubringen, ist eine wahre Herausforderung. Je mehr jemand sich in den Geist der Zeta Reticuli hineinbegibt, um so merkwürdiger mag es klingen, daß Harone, ein Zeta, anscheinend sehr gutes Englisch benützt. Das ist nicht der Fall. Die Zeta Reticuli verwenden kein Englisch. Ihre natürlichen telepathischen Muster sind den unseren nicht gerade ähnlich. Außer für den Austausch der meisten Grundgedanken kann sich der Dialog in englischer Sprache zwischen den Zetas und den Menschen als ziemlich schwierig entpuppen, und zwar sowohl für den Zeta wie für das Channelmedium. Sie zu channeln kann zuerst sehr desorientierend wirken; oft durchlebt Lyssa schleuderähnliche Empfindungen, die Schwindelzustände verursachen.

Harone verbrachte eine ansehnliche Menge an Zeit mit der Verfeinerung seiner Kommunikationsmöglichkeiten durch Lyssa. Eine telepathische Unterhaltung mit den Zeta Reticuli "Stück für Stück" ist am gebräuchlichsten, aber telepathische Gedankenmuster der Zeta Reticuli in menschliche Muster zu übersetzen und sie dann ins Englische zu bringen, ist eine ganz und gar andere Sache.

Harone verwendet angeblich eine Art von Sprachübersetzungscomputer, der dreidimensionale holographische Werte nutzt, um in der Auswahl der Gedankenmuster zu helfen und die herauszufinden, die zu den menschlichen Gedanken am besten passen. Diese werden dann von Lyssas Gehirn in die größtmögliche englische Entsprechung übersetzt. Lyssas Bewußtsein, ihr Ego, wird von Harone und dem Computer als Rückkopplung benutzt, um den Kommunikationsprozeß weiter zu verfeinern. Die Zuhörer werden bezüglich ihres Verständnisses der Übersetzung ebenfalls beobachtet. Teile des menschlichen Bewußtseins (wie das Unterbewußtsein) werden auch überwacht, damit die Einwirkung auf die Kommunikation von den Zeta Reticuli besser verstanden werden kann.

Harone behauptet, daß er manchmal einen Humanoiden bei sich hat, z.B. einen Plejadier oder einen Essassani, der bei der Übersetzung und dem Verständnis der emotionalen Aspekte der menschlichen Kommunikation hilft. Das Ergebnis der Übersetzung ins Englische wird von Lyssa dargebracht, und zwar mit einem sehr gründlichen Rückkopplungs-Überwachungs-System, das die Wesenheiten benützen, um die Klarheit der Kommunikation beizubehalten.

Wir vertrauen darauf, daß Sie einen Nutzen aus einigen der Informationen ziehen können, die auf den folgenden Seiten präsentiert werden. Möge eine neue und optimistische Ansicht über die Besucher gebildet werden, damit die Angst letztendlich in Verständnis verwandelt werden kann.

1. Die Geschichte der Zeta-Reticuli

"Es ist ihr Wunsch, uns wissen zu lassen, was in ihrer Vergangenheit geschah - damit andere es nicht wiederholen müssen." *Germane*

Um die Zeta Reticuli zu verstehen, ist es wichtig, die Geschichte ihrer Spezies zu studieren. Viele bestehende Fragen zu der Psyche und den Ansichten der Zeta Reticuli werden dadurch beantwortet. Ihre jetzige Persönlichkeit wurde durch eine Krise geformt. Vielleicht erklärt das Wissen um diesen Hintergrund die verwirrende Methode, durch die sie mit den Menschen kommunizieren.

In diesem Kapitel präsentieren wir die Kurzfassung ihrer Geschichte, die Germane für uns channelte. Publikumsfragen erhellen einige Aspekte des Besucherphänomens, die faszinierende historische Daten enthalten.

***

Germane: Es ist unsere Absicht, euch die Geschichte der Zeta Reticuli mitzuteilen, damit ihr Parallelen zwischen ihrer Zivilisation in der Vergangenheit und der euren zur heutigen Zeit ziehen könnt. Es besteht eine gewisse Ähnlichkeit zwischen ihnen.

Obwohl die Evolution ihrer Rasse nicht wirklich linear verläuft, setzen wir ihre Geschichte in einen linearen Rahmen. Wir beginnen "vor" hunderttausenden von Jahren im Leier-System. Die Wurzeln der humanoiden Rasse in eurem Gebiet der Galaxie entstammen diesem System. Die Zeta Reticuli bilden hier keine Ausnahme.

Laßt uns anfangen mit dem Leier-System, als die Zivilisation erblühte und neue Kulturen im ganzen Kosmos wie Pilze aus dem Boden schossen. Diese frühen Humanoiden erschufen eine ganz erstaunliche Anzahl neuer Kulturen. Ein Planet, wir nennen ihn Apex, ist die alte Heimstätte der Zeta Reticuli.

Dieser Planet namens Apex war der Erde sehr ähnlich. Seine Bewohner entsprachen einer genetischen Mischung, so wie ihr es seid, denn die frühen leieranischen Rassen hatten bereits damit begonnen, Kolonien zu gründen. Also wurde Apex zum Schmelztiegel, in dem die Rassen des Leier-Systems entstanden. Aus diesem Grunde fand man in ihrer Gesellschaft eine stark ausgeprägte Individualität und Unberechenbarkeit. Diese Qualitäten waren dort ungleich mehr ausgeprägt als auf der heutigen Erde.

Es gab Pazifisten und Krieger. Es existierten die, die sich technologisch orientierten und die, die die Technologie zugunsten der inneren Spiritualität ablehnten. Jede denkbare Polarität wurde auf Apex ausgelebt, und zwar in wesentlich dramatischerer Form als auf eurer irdischen Ebene.

Ihre Kultur blühte viele tausend Jahre. Unter der Oberfläche des Massenbewußtseins existierte jedoch eine starke Disharmonie, da das spirituelle Wachstum des Planeten nicht parallel mit dem technischen Wachstum seiner Bewohner verlief. Die Kluft vergrößerte sich, und auf dem Planeten zeigten sich die Auswirkungen der Katastrophe: schlimme Vergiftungen und schwere Verstrahlungen durch atomare Druckwellen - sehr viel zerstörerischer als heutzutage auf der Erde. Eine heftige Verschmutzung war die logische Konsequenz, so verschlechterte sich der Zustand der Atmosphäre und das pflanzliche Leben war kurz darauf nicht mehr in der Lage, genug Sauerstoff zu produzieren, um den Kohlendioxid/Sauerstoffzyklus aufrechtzuerhalten, der das Gleichgewicht des Ökosystems gewährleistete.

Einige Personen innerhalb dieses Systems waren sich durchaus bewußt, was vor sich ging. Sie führten lebenserhaltende Maßnahmen durch, bauten unterirdische Zufluchtstätten und bereiteten sich selbst auf die totale Zerstörung der Oberfläche ihres Planeten vor. Sie wußten nicht, ob das wirklich passieren würde, aber sie wollten sichergehen. Sie wußten, daß sie einen Sicherheitsspielraum besaßen und wenn sie vorbereitet wären, dann würde ihre Rasse überleben! Sie lernten, unterschiedliche Energiequellen unterirdisch zu nutzen, ohne vom Sonnenlicht oder Sauerstoff der Oberfläche abhängig zu sein. Auf diese Weise schufen sie eine Welt, die vom Ökosystem der Oberfläche vollständig unabhängig war.

Die Vorbereitungen zogen sich über viele Generationen hin. Sie versuchten, vorausschauend zu denken und zu handeln, denn sie waren sich sicher, daß dieser Wechsel kommen mußte. Sie bestimmten ihr Tempo selbst und bewegten sich langsam vorwärts. Bald bemerkten sie, daß sie sich so schnell entwickelten, daß die apexianische Schädelgröße sehr zunahm und der natürliche Geburtsvorgang schwierig wurde, da die Kopfgröße sich schneller ausdehnte, als das weibliche Becken sich anpassen konnte. Daher gab es während der Geburten viele Sterbefälle bei Mutter und Kind. Da das, was ihr Kaiserschnitt nennt, keinen Teil ihres Systems darstellte, wuchs sich dieses Problem zu einer ernsten Krise aus.

Ihr Dilemma lag darin, daß ihre Population abnahm. Offensichtlich mußten sie sich genauso auf eine planetare Katastrophe wie auf den möglichen Tod ihrer eigenen Art vorbereiten. So wendeten sie sich den Techniken des Klonens zu, um nicht mehr vom Geburtsprozeß abhängig zu sein. Nun konnten sie ihre Spezies tatsächlich in Laboratorien reproduzieren, und zwar ohne Geschlechtsverkehr, Empfängnis oder die natürliche Geburt. Sie nahmen an, dieses Wissen würde dafür Sorge tragen, daß sie in Zukunft auf alles vorbereitet wären.

Die Apexianer versuchten, bevor sie sich in ihre unterirdischen Zufluchten zurückzogen, einige der Zustände rückgängig zu machen, die auf der Planetenoberfläche herrschten. Jedoch hatte sich alles zu schnell entwickelt; viele Apexianer starben an verschiedenen Krankheiten, die aus der Verstrahlung und der Luftverschmutzung entstanden. Sie wußten, daß es an der Zeit war, unter die Oberfläche des Planeten zu gehen.

Allmählich stellten einzelne Personen ihre Aktivitäten auf der Planetenoberfläche ein und fingen an, die unterirdischen Städte zu bevölkern. Das war für viele ein großer Schock. Stellt euch vor, daß ihr niemals wieder den Himmel sehen könntet ..., daß ihr niemals mehr draußen unter dem Sternenhimmel liegen könntet, ..., daß ihr in einer Felsenumgebung gefangen wäret für den Rest eures Lebens. Stellt euch die Angst und die Sorgen dieser Leute vor.

Letztendlich gingen sie alle in den Untergrund und mußten lernen, wie man sich anpaßt. Durch ihre Fähigkeit zum Klonen (die sie in mindestens einhundert ihrer Jahre erarbeitet hatten), lernten sie zu verstehen, wie ein Körper sich an solch eine Umgebung gewöhnen kann. Sie veränderten ihre Gene dermaßen, daß die neuen Babys ein Teil des unterirdischen Ökosystems sein konnten.

Sie schufen neustrukturierte Körper, die Lichtfrequenzen hinter dem sichtbaren Spektrum absorbieren und in Wärme umwandeln konnten. Es wurden vollständig andere Körperfunktionen verlangt und ein neuer Weg, den Körper in der Aufnahme der Nährstoffe zu unterweisen. So lernten sie, Nährstoffe aus dem selbstleuchtenden Felsenuntergrund aufzunehmen. Da sie auch selbstleuchtende Pflanzen von der Oberfläche mitgebracht hatten, studierten sie diese Gewächse (die chlorophyllhaltig waren) und schafften es, deren Eigenschaften für sich selbst zu übernehmen.

All dies geschah im Verlauf von mehreren hundert Jahren. Viele Apexianer starben. Es gab genauso Erfolge wie Fehlschläge. Letztendlich kamen sie zu einem Punkt, an dem das Bevölkerungswachstum sich dem Rückgang der Sterberate anglich. Die Methoden, durch die sie Nährstoffe aufnahmen und an das Ökosystem wieder abgaben, erwiesen sich als symbiotisch und ausgeglichen. Sie wußten, daß sie auf diese Weise für eine unabsehbare Zeit überleben konnten.

Während all dies unter der Planetenoberfläche vonstatten ging, ereigneten sich auf der Oberfläche tiefgreifende Veränderungen. Den Apexianern war nicht klar, daß die Vergiftung des Planeten eine Kettenreaktion in Gang gesetzt hatte. Auf einer subatomaren Ebene hatte die schwere Verstrahlung das planetare Energiefeld zerstört. Dies schuf eine elektromagnetische Verwerfung in dem Zeit/Raumgefüge um den Apex-Planeten herum. Während sie sich unter der Erde befanden, veränderte Apex tatsächlich durch den dramatischen subatomaren Energiezusammenbruch seine Position in dem Zeit/Raumkontinuum.

Zeit und Raum sind einem Schweizer Käse sehr ähnlich. Ein Planet an einem Ort ist durch eine Serie multidimensionaler Netzwerke oder Durchgänge mit anderen Gebieten in der Galaxis verbunden. Als diese Verwerfung rund um Apex ihren Anfang nahm, bewegte sich der Planet durch das Zeit/Raumgefüge in ein anderes Zeit/Raumkontinuum - was eine bedeutende Distanz zu seinem Ursprungsort bedeutete. Ihr nennt dieses Areal die Reticulum-Sternengruppe. Der Apex-Planet fügte sich in das Reticulumsystem um einen der schwächsten Sterne der Sternengruppe ein. Dies geschah einfach, weil die Planetenbewegung dem Zeit/Raumgefüge folgte. Die unterirdischen Apexianer waren sich dessen völlig unbewußt, während sie unter der Oberfläche lebten. Sie fuhren mit der Rettung ihrer Spezies fort.

Passierte so etwas auf der Erde, dann würden verschiedene menschliche Splittergruppierungen unter der Erde ohne eine

Verbindung zueinander leben. Die Gruppen könnten über hunderte von Jahren sehr unterschiedliche Kulturen entwikkeln - und das ist es, was auf Apex geschah. Diese unterschiedlichen Parteien repräsentieren die verschiedenen Kulturen, die innerhalb der Zeta Reticuli-Gruppen beobachtet wurden. Einige Leute sagen, sie wären sehr negativ; andere behaupten, sie wären sehr gütig. Aber es ist wirklich nicht alles so, wie es scheint.

Über die Hunderte von Jahren, die sie sich unter der Oberfläche befanden, manipulierten sie ihren Körpertyp vorsätzlich, um sich ihrer unterirdischen Umgebung anzupassen. Sie brachten es fertig, ihre ursprüngliche Statur zu verkleinern und konnten so den Höhlenraum besser nutzen. Diese Anstrengung diente lediglich ihrer Erhaltung. Da sie sich nicht mehr körperlich fortpflanzten, verkümmerten ihre Fortpflanzungsorgane; ihre Verdauungsorgane bildeten sich zurück, weil sie nicht länger feste Nahrung zu sich nahmen. Sie hatten sich so verändert, daß es ihnen möglich war, ihre Nährstoffe über die Haut aufzunehmen. Durch die Umstrukturierung der Pupille, die das gesamte Auge ausfüllte, paßten sich ihre Augen ihrer Umgebung an. Das machte die Aufnahme unterschiedlicher Lichtfrequenzen hinter dem sichtbaren Spektrum möglich. Sie mußten das tun, um einen optimalen Gebrauch der unterirdischen Umwelt zu gewährleisten. Die Beschreibung ihrer Veränderung ist eine allgemeine, da verschiedene Splitterparteien eine leicht andere genetische Struktur erreicht haben könnten.

Während dieser Zeit werteten sie aus, was sie ihrem Planeten angetan hatten. Sie kamen zu dem Schluß, daß größtenteils Emotionen hierfür verantwortlich waren; so gewährten sie fortan Gefühlen keinen Zutritt mehr zu ihrem Leben. Weiterhin schworen sie sich, daß sie keine Vielfalt mehr in ihrer Kultur dulden würden. Daher züchteten sie wohlbedacht eine Änderung der gefühlsmäßigen Reaktionen auf unterschiedliche Reize. Sie waren unerbittlich darin, sich durch Leidenschaft nicht länger leiten zu lassen. Sie schufen eine neurochemische Struktur, in der *jeder* äußerliche Reiz die gleiche Reaktion in jeder Person auslöste. Sie fühlten, daß dies der Weg wäre, sich zu einer Person zusammenzuschließen und die Kriegslust und Leidenschaft zu eliminieren, die ihre Kultur in der Vergangenheit bestimmt hatte.

Allgemein gesprochen folgten die einzelnen unterirdischen Gruppen den gleichen Schlußfolgerungen. Die meisten von ihnen paßten sich biologisch auf die gleiche Weise an. Dies war eine durchaus natürliche Entwicklung - sie folgten einer Gleichung! Aber die Unterschiede in den Gruppen erwiesen sich in ihrer philosophischen Orientierung als äußerst bemerkenswert.

Jede Gruppe hatte unterschiedliche Standpunkte über ihr eigenes Selbstverständnis. Diejenigen, die ihr nun die Zeta Reticuli nennt, sind die freundlicheren und gütigeren Wesen. Eine andere Art können wir als die "negativen Zeta Reticuli" bezeichnen. Sie stammen aus einer Gruppierung, die am Machtzuwachs interessiert war. Sie nahmen dieses Verlangen aus der Zeit der leieranischen Wurzeln mit in ihre Mutation hinein. Es existieren weitere Gruppen, die ihr als "die Grauen" bezeichnet, die ebenfalls vom Apex-Planeten stammen, aber leicht veränderte genetische Strukturen aufweisen. Ihr werdet feststellen, daß die Außerirdischen, die in eurer Entführungsliteratur eine große Rolle spielen, ursprünglich von Apex stammen. Hieraus resultiert die große Kontroverse, wer denn nun wer sei. Sie besitzen zwar den selben Stammbaum, ihre Ausrichtung und Motivation ist aber recht unterschiedlich.

Nach einer längeren Periode stellten die Apexianer fest, daß genug Zeit verstrichen war, um auf die Oberfläche des Planeten zurückzukehren. Die Atmosphäre hatte sich noch nicht vollständig regeneriert (daher war ihre Zeit auf der Oberfläche nur begrenzt), aber sie erlaubte ihnen dennoch, endlich wieder hervorzukommen. Als sie es dann taten, erwartete sie ein großer Schock. Während sie die Sterne betrachteten, wurde ihnen klar, daß ihr Planet seine Position im Kosmos verändert hatte. Die Sterne sahen so anders aus! Die Astronomen, die die Sternenkarten während der Abgeschiedenheit angefertigt hatten, staunten nicht schlecht. Es wurde ihnen klar, was sie getan hatten. Die eher freundlichen Zeta Reticuli verpflichteten sich daraufhin strengstens, ein einziges Volk zu werden und herauszufinden, was sie während ihrer Zeit im Untergrund verloren hatten. Auf diese Weise lernten sie eifrig, was die Krümmung in Zeit und Raum bedeutete. Sie wußten nicht genau, wo sie sich befanden. Sie wollten herausfinden, was passiert war. Sie wollten durch andere Kulturen mehr über sich selbst lernen. Auch war es ihr Wunsch, *niemals* jemandem das anzutun, was sie sich selbst zugefügt hatten. Zu dieser Zeit war das ihre vordringliche Motivation.

Die anderen eher negativen oder selbstbezogenen Gruppen erschienen ebenfalls auf der Planetenoberfläche und begriffen, was sie verursacht hatten. Die Gruppe der negativen Zeta Reticuli machten es durch die Technologie, die sie einst besaßen, möglich, Schiffe zu bauen und zu anderen Planeten im Reticulumsystem zu reisen, wo sie ihre Kultur aufbauten. Andere Wesen aus der selbstbezogenen Richtung schafften es, das Universum zu entdecken und Kolonien in verschiedenen Systemen zu gründen, einschließlich Orion (Betelgeuse) und dem Dreigestirn des Siriussystems.

Sind einige dieser Wesen von Apex reinkarnationsmäßig mit der Erde verbunden?

Reinkarnationstechnisch gesprochen leben eine große Anzahl von ihnen zur Zeit auf eurem Planeten. Viele von den Apexianern, die ausstarben, waren gegen den Gedanken, die apexianische genetische Struktur zu manipulieren. Während dieser Zeit waren sie unerbittliche Gegner der Verunreinigung und Umweltverschmutzung und wußten, daß Apex sich wandeln mußte. So inkarnierten sie alle durch die galaktische Familie - speziell, wenn sie sahen, daß ein Planet an den Rand der gleichen Art der Zerstörung driftete, die sie in ihrer

Vergangenheit kreiert hatten. Es ist ihr Wunsch, ihr Wissen darüber anderen mitzuteilen, was in der Vergangenheit passierte, damit andere das nicht wiederholen müssen.

Also sind die Zetas keine Ureinwohner des Reticulumsystems?

Stimmt! Nachdem Apex in das Reticulumsystem abgedriftet war, standen den Zetas viele tausend Jahre Evolution bevor. Sie leben schon so lange dort, daß Apex nur noch eine dunkle Erinnerung für sie ist.

Wenn die Apexianer im Besitz von Raumschiffen waren, warum verließen sie Apex dann nicht, als die Katastrophe offenbar wurde?

Sie hätten den Planeten verlassen können, wenn sie das Verlangen danach gehabt hätten. Ihr müßt die Natur dieser Wesen recht verstehen: sie waren Pioniere; sie wurden von den gleichen Motivationen und Leidenschaften geleitet, die die Menschen antrieb, die euer Amerika kolonisierten. Als diese sich mit Indianerangriffen konfrontiert sahen, wollten sie das Land trotzdem nicht verlassen. Die Apexianer betrachteten dieses Geschehen als eine große Herausforderung. Sie meinten, daß, wenn sie in den Untergrund gingen und ihre Gattung verändern würden, sie ihre Vergangenheit heilen könnten. Sie wollten sie nicht noch einmal erschaffen. Die Mehrheit der Apexianer wußte, daß sie das Muster immer wiederholen würden, wenn sie den Planeten verließen und irgendwoanders hingingen. Einige von ihnen *verließen* Apex und ließen sich auf anderen Planeten im Leiersystem nieder, aber es waren nur wenige. Doch für die Mehrzahl, die vom Bleiben überzeugt waren, war dies die Möglichkeit, ihre Gesellschaft zu heilen.

Du sagtest, daß durch Mutation die Pupille das gesamte Auge ausfüllte. Bedeutet das, daß die Pupille durch eine Bewußtseinserweiterung größer wurde?

In diesem Fall ja. Das Gehirn wuchs und durch die Augenstruktur und ihrem Verlangen nach Wissen wurde die Vergrößerung der Pupille gefördert. Lange Zeit erschien dies vollkommen natürlich, da die Oberfläche des Auges nicht groß genug war, um all das Licht aufzunehmen, das sie brauchten. Außerdem hatten ihre Vorväter, die Leieraner, größere Augen als die Erdenmenschen.

Bewegte sich der Apex-Planet an seinen Ursprungsort zurück, nachdem sie damit begannen, sich selbst zu heilen?

Nein, der Planet verblieb im Reticulumsystem. Noch immer sind eine Menge der Höhlen das Heim vieler von ihnen, obwohl meistens eine große Anzahl ihre Zeit auf ihren Schiffen verbringt.

Könnte unsere Welt in unserer Zeit auch ein solches Geschehen herbeiführen?

Ja! Mit der gegenwärtigen Entwicklung und eurem Nutzen der Atomenergie ist dies nicht möglich; aber solltet ihr weiterhin euer Wissen über die Atomkraft für die Zerstörung einsetzen, ohne von der Atomkraft zu einer anderen Technik überzugehen, dann *könntet* ihr durchaus solch ein Szenarium erschaffen.

Ihr müßt verstehen, daß es eine festgesetzte evolutionäre Skala (für den Durchschnitt) gibt, der eine Zivilisation zu folgen hat. Ihr seid jetzt in dem Stadium, in dem ihr mit nuklearer oder Atomenergie spielt. Es gibt eine natürliche Entwicklung, die euch vom Gefahrenpunkt der Atomkraft wegführt. Ihr seid nun an einem Punkt, wo ihr fast das gefährliche Szenario verlaßt. Noch entscheidet ihr, ob ihr dem natürlichen Entwicklungsprozeß folgt, der von der atomaren Energie wegführt oder nicht.

Die meisten Zeta Reticuli, mit denen wir heute Begegnungen haben, sind kaum noch körperlich. Wie haben sie es geschafft, diesen Zustand zu erreichen? War es einfach nur die lange Zeit, in der sie stets ihre eigene Entwicklung im Auge hatten?

Ja, die lange Zeitspanne hat etwas damit zu tun. Aber genauso liegt es an ihrem technologischen Fortschritt, der ihnen ihre weitere körperliche Entwicklung ermöglichte. Sie schafften es, sich so zu entfalten, daß sie an den Rand der Nichtkörperlichkeit gelangten. Sie möchten die Körperlichkeit nicht hinter sich lassen, da es immer noch etwas gibt, daß sie glauben, lernen zu müssen.

Vergeßt niemals, daß es verschiedene Gruppierungen der Zetas gibt. Einige von ihnen sind sehr selbstlos. Andere sind nur aus ihren *eigenen* Gründen hier; diese Gründe können sowohl positiv als auch negativ sein oder irgendeine Schattierung dazwischen annehmen. Der allumfassende Gedanke ist, daß sie bestimmte Dinge von euch wollen, von denen sie glauben, daß es ihnen daran mangelt. Sie denken, sie hätten Fehler gemacht, als sie während des Klonens einige Eigenschaften eliminierten. Nun sind sie dabei, *euch* zu beobachten und zu lernen, wie sie diese Qualitäten erfolgreich in ihre Gruppe integrieren können.

In einem gewissen Sinne kann man sagen, daß ihr ihre Vergangenheit *sowie* ihre Zukunft seid. Es ist so, als würden sie überall, wo sie hinschauen, euch begegnen. Ihr repräsentiert ihre Vergangenheit; genauso repräsentiert ihr ihre einzige Hoffnung auf die Zukunft.

2. Enthüllungen der Zeta-Reticuli

"Eure Rasse ist zum evolutionären Sprung bereit. Die Zeta Reticuli sind ebenfalls dazu bereit. Führt ihr diesen Sprung gemeinsam aus, dann mündet er in einen erhabenen Tanz."

Bashar

Jeder, der Interesse an dem Besucherphänomen zeigt, hat sich höchstwahrscheinlich die folgenden drei Fragen gestellt:

1. Nach welchen Daten forschen die Besucher?
2. Sind sie auf Unerwartetes gestoßen?
3. Welche Schlüsse zogen sie aus ihren Experimenten?

Die Antworten auf diese Fragen enthüllen sich, je mehr wir die Psyche der Besucher zu verstehen beginnen. Während einer zahlreich besuchten Gruppensitzung stellten viele besorgte Teilnehmer inhaltsschwere Fragen. Die hier wiedergegebenen Antworten schockieren manchmal wegen ihrer Aufrichtigkeit. Zuerst beantwortet Bashar allgemeine Fragen über die Besucher. Später wendet sich Harone offen und persönlich an die Gruppe und spricht über die Untersuchungen, die seine Rasse, die Zeta Reticuli, durchführen.

***

Bashar: Die Zeta Reticuli haben ihre Forschungen an euch mit eurer Erlaubnis fortgeführt und dabei einiges entdeckt. Sie lernen, sie wachsen, und ein Teil ihres Bewußtseins wünscht sich, euch ihre Entdeckungen mitzuteilen.

Wieviele unterschiedliche Typen der Zetas sind hier? Ich habe den Eindruck, es handelt sich um Dutzende.

Anstatt einer Antwort könnte ich fragen: "Wieviele Typen von Amerikanern gibt es?" Ihr könnt sie in drei allgemeine Gruppen unterteilen. Innerhalb dieser drei Gruppen gibt es eine enorme Anzahl von Variationen. Es existiert keine einheitliche Spezies, so wie auch die Amerikaner keine einheitliche Rasse bilden.

Die drei Hauptgruppen der Zetas können folgendermaßen unterteilt werden:

1. Die unmittelbaren Zetas: diese Gruppe stellt das Zeta-Bewußtsein dar, das in den äußeren Parametern der Realität der vierten Dimension existiert. Deshalb ist ihre Realität nahezu nicht-physisch - sie ist hauptsächlich plasmischer Natur. Da sie vorsätzlich ihre Schwingungen davon abhalten, in die fünfte Dimension einzugehen, ist es ihnen unmöglich, mit euch direkt in Kontakt zu treten, es sei denn, ihr befindet euch in einem veränderten Bewußtseinszustand. In eure physische Realität können sie nicht eindringen.

2. Die veränderten Zetas: sie entsprechen dem unmittelbaren Zeta-Bewußtsein, veränderten sich allerdings physisch oder im Bewußtsein, um mit euch auf der körperlichen Ebene oder in einer scheinbar körperlichen Realität in Verbindung zu treten. Sie stellen die verbreitetste Kategorie der Zetas dar.

3. Die Hybriden: ein Hybride ist eine Wesenheit, bei der die primären Gene der Zeta Reticuli mit Genen von anderen humanoiden Rassen kombiniert wurden. Hieraus entstammen viele verschiedene Verzweigungen und Kulturen.

Die Gruppen, die ihr negativ orientiert nennt, sind nicht zwangsläufig in den genannten Kategorien enthalten; wir können sie jedoch zu Illustrationszwecken benutzen. In einem gewissen Sinne besitzen die negativen Gruppen ihre eigenen Unterarten.

Kannst du den anwesenden Teilnehmern kurz den Zeta Harone beschreiben, damit jeder hier eine Vorstellung davon hat, wer mit uns sprechen wird?

Das Wesen Harone kann als verändertes Zeta-Bewußtsein betrachtet werden. Es kann in eure nichtkörperliche Realität, wie zum Bcispiel den Traumzustand, eintreten, und manchmal ist er in der Lage, auf der körperlichen Ebene mit euch Verbindung aufzunehmen. Er ist Koordinator genetischer Projekte.

Wenn du "veränderter Zeta" sagst, meinst du dann, daß er einer hybriden Rasse entstammt, oder ist er in seinem eigenen, physischen Körper verändert worden?

Er ist in seinem eigenen physischen Körpertyp verändert worden.

Welcher Art ist diese Veränderung?

Das Wesen wird aus seinem natürlichen Zustand in eine Umgebung andersartiger vibrierender Frequenzen hineinplaziert. Das ermöglicht ihm, die neue Schwingung, die niedriger ist als seine eigenen Vibrationen, zu assimilieren. So ist er in der Lage, mit euch zu kommunizieren.

Bevor wir mit Harone sprechen, könntest du bitte der Gruppe kurz etwas über deine Herkunft sagen?

Die Rasse, die ich repräsentiere - das sind die Essassani - muß als Kreuzung zwischen euch (den Menschen) und den Zeta Reticuli betrachtet werden. In diesem Sinne sehen wir uns selbst als eure Kinder... geboren aus der Liebe.

Wie kam diese Kreuzung zustande?

Versteht, daß, obgleich wir unsere eigene uralte Zeitlinie, unsere eigene uralte Geschichte besitzen, die Zeitlinien an dem Punkt zusammenlaufen, an dem die Zeta Reticuli ihre

Experimente beendeten. Gewissermaßen vereinigten sich unsere Vergangenheiten, und in einem bestimmten Sinn ist es eine spirituelle Evolution. Wir besitzen also unsere eigene uralte Geschichte, aber genauso stellen wir die Vereinigung zweier Rassen dar. Wir repräsentieren die Integration für diejenigen, die ihr als vollständige galaktische Familie betrachtet. Wir sind die *eine* Manifestation der Zeta-Experimente.

Gab es irgendeine physische oder scheinbar physische Vermischung unserer DNA mit der der Zetas, um eine Spezies zu erschaffen?

Ja. In der Anfangsphase.

Worin liegt der Zweck des Kontaktes mit den Zetas, und was ist ihre Mission?

Der Hauptbrennpunkt ihrer Arbeit erweist sich als äußerst vielfältig. Wir möchten besonders unterstreichen, daß sie euch etwas über die Angst lehren möchten. Sie geben euch die Möglichkeit, durch eure tiefsten Ängste zu gehen. So könnt ihr auf archetypische Weise eure Ängste hervorholen, um sie durch Transformation zu klären. In diesem Sinn stellen die Zetas für euch die Idee der Einheit dar, so wie ihr für sie die Individualität. So gesehen seid ihr die beiden gegensätzlichen Enden eines Pols, die miteinander verschmelzen, um ein gemeinsames Bewußtsein zu bilden. Ihr lernt voneinander; ihr wachst aneinander; ihr beschenkt euch gegenseitig. Keiner von euch beiden ist das Opfer des anderen. Ihr alle seid Mitschöpfer des vollständigen Erlebnisses.

Wir sprechen über die Evolution der Spezies, angefangen von der fundamentalsten Ebene bis hin zur spirituellen. Eure Rasse ist jetzt zu einem evolutionären Sprung bereit. Die Zeta Reticuli sind ebenfalls dazu bereit. Führt ihr diesen Sprung gemeinsam aus, dann mündet er in einen erhabenen Tanz. Ihr seid im gewissen Sinne Spiegelbilder für einander, bei der jede Seite die entgegengesetzte Vorstellung auslebt. Durch den anderen entdeckt ihr eure Gegensätze.

Existiert ein Rat oder ein Regierungskörper, der die Erlaubnis für genetische Experimente erteilt? Oder handelt es sich um eine zufällige Auswahl?

Innerhalb der linearen Zeit nehmen viele von euch an, daß ein bestimmter Typ von Ratsversammlung nötig ist, um "das Gesetz passieren" zu lassen. Aber in diesem Fall geschieht alles auf tieferen Ebenen, auf der Stufe des Massenbewußtseins. Wenn sie euch aussuchen, dann können sie nicht ohne eure vorherige Erlaubnis mit euch in Kontakt treten. Wenn irgendjemand von euch in diesem Raum seine Einwilligung dazu nicht gegeben hat, dann können sie ihn auch nicht finden.

Solltet ihr also in eurem Leben eine solche wechselseitige Beziehung haben und den Gedanken an eure Einwilligung nicht völlig akzeptieren können und verstehen, daß ihr gegenseitig davon profitiert, dann solltet ihr eure selbstgewählte Anbindung an sie erforschen und eure Bereitschaft, ihnen zu Diensten zu stehen. Entweder spielt ihr die Rolle des Opfers oder ihr tut es nicht; dazwischen gibt es nichts.

Sie können euch nur dann wahrnehmen, wenn ihr ihnen die Einwilligung zum Kontakt gegeben habt. Euer Massenbewußtsein willigt zur Zeit ein, diejenigen herauszusuchen, die persönliche Abmachungen trafen. Habt ihr Kontakt zu ihnen, dann *muß* von euch die Zusage erfolgt sein. Dieser Gedanke kann befreiend sein, wenn ihr ihn zulaßt. Wenn ihr erkennt, daß ihr diese Erfahrung wünschtet; dann stellt ihr euch mit ihnen auf die gleiche Stufe und die Natur des beiderseitigen Zwischenspiels wird sich ändern. Ihr werdet nicht länger Opfer sein, sondern gleichberechtigte Partner. Die Qualität eurer gegenseitigen Beziehungen wird eine bedeutende Wendung nehmen.

Einer der Gründe für ihre Beziehung mit euch ist, euch verstehen zu geben, daß ihr keine Opfer seid, sondern gleichberechtigte Mitspieler. Überspringt jeder einzelne von euch die Kluft, dann werdet ihr im Massenbewußtsein eine Wirkung produzieren, die einen kritischen Masseneffekt auslöst. Hierdurch wird dem gesamten Massenbewußtsein ein Blick von einer anderen Perspektive heraus gewährt. Ihr werdet ebenfalls dem Massenbewußtsein der Zeta Reticuli helfen, die Beziehung in einem anderen Licht zu sehen, und so wird sich die evolutionäre Transformation für beide Rassen ereignen. Es ist eine Partnerschaft. Das war es in der Vergangenheit, ist es jetzt und wird es immer sein.

Weißt du, ob wir weitere solcher Vereinbarungen mit anderen Rassen außer den Zetas abgeschlossen haben? Eine gemeinsame Zusammenarbeit mit anderen, um die Evolution zu fördern?

Ja. Die Abkommen zwischen euch und den plejadischen Rassen sind andere Beispiele für evolutionäre Verträge. Alle Beziehungen mit außerirdischen Rassen entstehen durch Vereinbarungen, damit der eine vom anderen lernen kann. Es gibt keine Zufälle.

In den letzten ein bis zwei Jahren hatte ich viele bewußte Kontakte. Ich möchte eigentlich nur sagen, daß ich eine Art von Brüderlichkeit verspüre. Es läßt sich mit einem Liebesgefühl vergleichen. Ich reagiere hier sehr emotional auf diese Kontakte, weil sie ein wundervolles Gefühl des Zusammenkommens erzeugen.

Wir danken dir für deine Bereitwilligkeit, die Angst zu überwinden und die Liebesschwingung und nicht die Schwingung der Angst zu übertragen. Dein Entgegenkommen wird bemerkt und gewürdigt.

Wir werden jetzt die Energie, die Harone genannt wird, durchbringen. Er wird euch viel von seinen Entdeckungen (durch die Experimente der Zetas) erzählen. Wir danken euch allen - jedem einzelnen von euch - für die Gaben, die ihr uns durch eure Fragen zukommen ließet.

***

Hier spricht das Bewußtsein **Harone.** Wir möchten euch das, was wir als unsere wichtigste Entdeckung betrachten, mitteilen. Durch unseren Austausch mit einigen von euch durch verschiedene Channelmedien und dem Wechselspiel mit euch auf der Ebene des Traumzustands kamen wir zu dem Schluß, daß wir nach Gefühlen in uns selbst forschen. Seit sehr langer Zeit suchen wir nach Emotionen. Durch Züchtung und Kloning entfernten wir sie aus unserer Spezies in dem Glauben, daß wir dadurch unser Wachstum ankurbeln und die höchstmögliche Entwicklungsstufe erreichen würden. Seither haben wir begriffen, daß dies nicht der Fall war. Ihr hier auf der Erde repräsentiert eine genetische Kombination, die unserer ursprünglichen Rasse am nächsten kommt. So sind die Wechselspiele, die wir mit euch erleben (speziell die, die ihr "Entführungen" nennt) auf einer Ebene unsere Methode, euch zu beobachten und zu lernen, wie wir unsere einstigen Gefühle zurückgewinnen können.

Wenden wir uns dem Erlebnis implantierter Sonden im Kopf zu, über das einige von euch gelesen oder mit dem sie Erfahrungen gemacht haben. Wir versichern euch, daß die dahinterstehende Absicht nicht eurer Kontrolle dient. Diese Sonden sind organischen Ursprungs und absorbieren Neurochemikalien aus euren Gehirnen. Nach der Entnahme untersuchen wir diese Neurochemikalien. Wir glauben, daß wir durch die Analyse fähig sind, eure neurochemischen Sekretionen nachzuahmen. Sollten wir diese neurochemischen Absonderungen wirklich nachahmen können, gelingt es uns vielleicht auf diese Weise, unsere Emotionen neu zu erschaffen.

Auf keinen Fall liegt es in unserer Absicht, euch zu schaden, zu verletzen, zu ängstigen oder zu kontrollieren - das möchten wir ausdrücklich betonen. Wenn ihr verstehen könnt, warum diese Maßnahmen ergriffen werden, werdet ihr vielleicht nicht mehr so voller Furcht davor sein. Vielleicht könnt ihr sogar diese Angst in eine aktive und bewußte

Zusammenarbeit mit uns umwandeln. Es wäre ein großartiger Dienst an uns. Ebenso wäre dies ein großer Dienst an *euch*.

Durch die Kommunikation, die wir mit anderen außerirdischen Rassen führten, und durch unsere Analysen, gewonnen aus den Informationen, die ihr uns liefertet, wurde uns klar, daß wir tatsächlich die Anfänge emotionaler Entwicklung in uns selbst endeckten, so rudimentär sie sein mögen. Wir legten einige unserer Motivationen, rein geistig zu sein, falsch aus. Jetzt verstehen wir, daß einige unserer Beweggründe nicht völlig geistiger Natur sind, sondern durch Gefühle ausgelöst werden. Obwohl wir diese Emotionen nicht in ihrer Gesamtheit oder nur zu kleinen Teilen verstehen, bemühen wir uns, sie als Beginn der Bildung eines Emotionalkörpers anzuerkennen.

Wir erkannten, daß die Eigenschaft, die "Neugier" genannt wird, in Wirklichkeit ein emotionaler Ausdruck von uns ist und kein geistiger. Wie wir bereits sagten, ist Neugier einer unserer Antriebe. Fälschlicherweise ordneten wir es dem Geistigen anstatt dem Gefühlsmäßigen zu.

Wir wissen nicht, ob ihr die Folgen all dessen absehen könnt. Für uns ist es ein Meilenstein. Wir begreifen, daß die ganze Arbeit, die wir mit eurer Beobachtung, dem Kontakt zu euch und dem Wechselspiel, das wir mit anderen Rassen vollführten, ein Anzeichen für unseren Erfolg ist. So wird unsere Motivation beflügelt. Sie treibt die Neugier an, weiterzuforschen.

Wir möchten euch hiermit in aller Form danken, daß ihr an diesem Experiment teilgenommen habt, das maßgeblich an dem Wachstum unserer beider Rassen beteiligt ist. Ich spreche hier als Vertreter meines Volkes. Ihr müßt wissen, daß, während ich zu euch spreche und mich bei der hier anwesenden Gruppe bedanke, diese Dankbarkeit aufsteigt in euer Massenbewußtsein. Ich sage euch das als ein Repräsentant. Ich sage es aus tiefster Motivation. Wir danken euch.

Du erwähntest, daß ihr euch in der Annahme geirrt habt, Neugier entspringe eher der Geistigkeit, als daß sie auf Gefühlen beruht. Ist das vergleichbar mit dem, was einigen hier auf dem Planeten widerfährt, die keine Verbindung zu ihren Emotionen haben? Lernt ihr aus unseren Erfahrungen genauso wie aus euren biochemischen Experimenten?

Es ist leichter, die Daten von unseren biochemischen Experimenten zu bearbeiten, da wir zu dieser Art des empirischen Wissens direkten Zugang haben. Die Daten, die wir durch eure Beobachtung erlangen, sind wesentlich schwieriger zu verarbeiten, dennoch greifen wir auf sie zurück.

Gibt es noch ein anderes Gebiet, auf dem wir euch behilflich sein können? Gibt es noch irgendetwas, mit dem wir euch auf einem anderen Feld eurer Forschung unterstützen können?

Eure Sexualität ist ein anderer Schwerpunkt unserer Beobachtung. Leider wissen wir nicht, ob es etwas Spezielles gibt, mit dem ihr uns unterstützen könntet; wüßten wir es, kämen wir der Antwort schon näher. Viele von euch sind sich bewußt - etlichen mag es zudringlich erscheinen -, daß sie von einigen aus meinem Volk während ihrer Liebesspiele beobachtet werden. Für manche war dies eine Quelle der Scham. Wisset, daß dies keine Beleidigung ist. Diejenigen unter euch, die Erlebnisse dieser Art hatten, gaben vorher ihre Zustimmung. Aufgrund eurer Zustimmung können wir euch finden. Und nur aufgrund eurer Zustimmung beobachten wir euch.

Die Anzahl der sexuellen Wechselspiele mit euch wird bestimmt durch die Vereinbarungen zwischen euch als Einzelpersonen und uns als Gruppe. Uns wurde mitgeteilt, daß eure Angst ein lebendiger Teil eurer Transformation darstellt. Solltet ihr eure Angst loslassen können - sie verwandeln - würdet ihr uns helfen, mehr über uns selbst herauszufinden. Wir haben keine Ahnung, wie dies zustande gebracht werden kann, aber wir wissen, daß wir euch bitten müssen, an eurer Angst zu arbeiten. Ihr seid keine Opfer. Ihr ward niemals Opfer.

Letzte Woche hatte ich Besuch von einigen Zetas, die meinen Bauch untersuchten. Ich wurde sehr ärgerlich, weil die Prozedur schmerzte. Was passierte da?

Welches Gebiet deines Bauches?

Um den Bauchnabel herum.

Das ist eine übliche Stelle. Der klinische Begriff dafür wäre die Entnahme einer Eizelle. Wir wiederholen, daß wir dich hierdurch nicht ängstigen wollen. Du trafst eine Vereinbarung mit uns. Du kannst die Angst transformieren, indem du während dieses Erlebnisses ein starkes blaues Licht um deinen Körper aufbaust. Es wird dein eigenes Feld erhellen oder die Dichte vermindern. Dadurch können wir leichter mit dir arbeiten, gleichzeitig verringert sich dein Unbehagen.

Ich würde gerne wissen, ob ich auch solche Kontakte hatte. Manchmal glaube ich, daß dieser Kontakt auf lange Zeit zurückgeht. Entspricht dies den Tatsachen oder bilde ich mir das nur ein?

Es entspricht den Tatsachen. Deine Phantasie würde solch ein Erlebnis nicht erfinden. Imagination ist nicht, wie allgemein angenommen, ein Mythos. Sie entspricht einem Bereich der Wirklichkeit. Sie bildet einen Bereich, durch den ihr die Kommunikation ermöglicht, die auf anderen Ebenen nicht stattfinden kann. Sie ist eine Wirklichkeit.

Was für eine Angst in uns ist das, die losgelassen werden muß, um den evolutionären Prozeß fortführen zu können?

Es handelt sich um die Angst, nicht zu wissen, was anschließend aus euch wird. Es ist die Angst, euch selbst zu verlieren; *wir* zu werden. Es ist die Angst vor der Evolution.

Uns wird gesagt, daß die Menschen das Unbekannte fürchten. Dennoch treibt das Unbekannte euch dazu, eurer Angst ins Gesicht zu sehen. Es gibt aber in diesem besonderen Fall nichts anderes als Entfaltung. Nichts, was immer wir sagen, kann es euch verständlich machen. Ihr werdet euch selbst damit auseinandersetzen müssen.

Es ist das Unbekannte, das ihr fürchtet; das Unbekannte jedoch treibt euch auch an.

Die Erlebnisse enthalten ferner Ekstase und unglaubliche Einsichten. Genauso existiert der Schrecken vor einer Invasion.

Ja. Mental zumindest verstehen wir, wovon du sprichst. In unserer Spezies existiert die Idee einer Invasion nicht, da wir uns selbst alle als Eins empfinden. Wir begreifen, daß Menschen Grenzen haben - ihr sondert euch selbst ab. Wir sind uns auch gewahr, daß ihr viele Ebenen des Bewußtseins besitzt. Einige nennt ihr "bewußt", "unterbewußt" und "unbewußt". Auf unserem Kommunikations-Niveau können wir keinen Unterschied feststellen zwischen diesen einzelnen Schichten. Wenn also das Unterbewußtsein das eine sagt und das Bewußtsein etwas anderes, dann hören wir die lauteste Stimme.

Um Frieden mit dem Gedanken einer Invasion zu schließen, wisset, daß ihr *nicht* überfallen werden *könnt;* alles, was ihr seht, alles, was ihr erlebt, ist Teil eines großen Ganzen. Alles ist eine Reflexion des Ganzen. Es gibt nichts außerhalb von euch. Alles ist ein Teil von euch. Die Invasion findet in *euch selbst* statt. Diesen Gedanken zu akzeptieren und ein **Glaubensbekenntnis daraus zu machen, wird wahrhaftig tiefgreifende Veränderungen herbeiführen.** Es ist kein Überfall auf einen anderen, sondern eine Verbindung, eine Vertrautheit, eine Eingliederung. Wir wissen, daß wir gemeinsam diesen Artensprung machen ... als nähmen wir uns bei den Händen und schritten gemeinsam vorwärts.

Du schlugst vor, daß die Entführten sich selbst mit blauem Licht umgeben sollten, um die Erfahrung schmerzloser zu gestalten. Wurde diese Anregung von deinen Leuten auch wäh-

rend ihrer Arbeit mit Menschen gegeben? (Mehr darüber in dem Kapitel "Umwandlung des Entführungserlebnisses".)

Ja. Manchmal wird das blaue Licht auf unseren Rat hin von den besuchten Personen erzeugt, aber sie nehmen dann an, *wir* hätten dies bewerkstelligt. In Wirklichkeit riefen *sie* es hervor.

Warum wurdest du aus allen Zetas ausgewählt, um gechannelt zu werden?

Als Koordinator meiner Projekte suche ich immer nach Wegen, die Projekte auf die sanfteste Art zu fördern. Detaillierte Analysen gaben mir zu verstehen, daß wir euch unsere Absichten und unsere Wünsche nach Kommunikation vortragen können, wenn wir euch in eurem bewußten Zustand aufsuchen, in dem ihr euch überwiegend aufhaltet. Sie würden in andere Schichten eures Bewußtseins durchsickern. Die Ergebnisse meiner Forschungen lassen es also durchaus logisch erscheinen, daß ich mit euch direkt auf der Ebene in Verbindung trete, die ihr am meisten schätzt.

Ich sprach auch mit Personen in verschiedenen Organisationen wie die, die ihr "die Vereinigung" nennt, um den besten Weg herauszufinden, diesen Prozeß zu fördern. Es wurden biologische Channel vorgeschlagen, die imstande sind, meine Botschaften für euren bewußten Geist zu übermitteln. Daher suchte die Vereinigung Channelmedien aus, die eine direkte Verbindung zu mir oder meiner Forschungsgruppe haben. Die Menschen, zu denen ich spreche - zu euch - haben eine Verbindung zu meiner Gruppe; entweder werden sie in ihrem Traumzustand besucht, oder es wird mit ihnen tatsächlich auf der körperlichen Ebene gearbeitet. Das ist der Grund, warum ich mit euch spreche und niemand anderes.

Ist dies ein Vorgang, der ohne Gefühle stattfinden kann? Benötigt ihr keine Emotionen für den Channelingprozeß? Es scheint, daß auf beiden Seiten Einfühlungsvermögen vonnöten ist.

Gefühle sind für das Channeln nicht wichtig, da ich auf meiner Seite mit körperlichen Wesen arbeite, die die Kommunikation fördern. Wir drei sind an ein Computersystem angeschlossen, das unsere Gedanken miteinander verbindet. Sie stellen einen Ausgleich zu meinen Gedanken her, damit das biologische Medium (Lyssa, das Channel) sie empfangen kann. Auf diese Weise werden sie übersetzt.

Du sagtest, du hast zwei Helfer. Wer ist der andere neben Bashar?

Sasha. (Eine Plejadierin)

Verstehst du denn persönlich die unterschiedlichen Schichten unseres Bewußtseins?

Ich verstehe die Feinheiten nicht, aber ich weiß, daß sie existieren.

Sind unsere verschiedenen Bewußtseinsebenen ein wertvolles Instrument für euer Wachstum?

Bis jetzt wissen wir noch nicht genug über sie, um ihren Wert verstehen zu können. Von unserem Blickwinkel aus gesehen, scheinen die Bewußtseinsebenen euch eher einen schlechten denn einen guten Dienst zu erweisen; wir haben sie bisher in ihrer Ganzheit noch nicht untersucht. Auf jeden Fall müssen sie euch nützen, andernfalls hättet ihr sie nicht beibehalten.

Versteht du mich, während ich zu dir spreche, auf einer umfassenderen Ebene, also nicht nur meine bewußten Gedanken?

Ja. Teilweise habe ich mich für diesen Typ von Kommunikation entschieden, weil ich so direkt mit eurem *bewußten* Verstand in Verbindung treten kann. Gerade jetzt, in dieser Unterhaltung, spricht euer bewußter Verstand am lautesten. Die anderen Teile sind fast unhörbar - zumindest *während dieser Unterhaltung*. Sollte ich einmal Zugang zu euren anderen Teilen benötigen, um eine Antwort auf eine Stellungnahme durchzubringen, dann werden mich meine Helfer unterstützen.

Aus Erfahrung allein kannst du keine Gefühle verstehen. Wie ist es für dich, wenn du mit uns über unsere Emotionen sprichst, ohne sie selbst erfahren zu haben?

Ich erhalte viele meiner Daten, weil ich meine Helfer einschalte. Die Unterhaltung mit euch wird für spätere Forschungszwecke von mir aufgezeichnet. Ihr kommuniziert mit dem Zeta-Bewußtsein, daß Harone genannt wird. Aber es ist beeinträchtigt durch die Kommunikation oder die Essenz der Wesenheiten Sasha und Bashar.

Aber ist die angesprochene Thematik der Gefühle nicht ein Rätsel für dich?

Ja und nein. Einiges muß nicht erlebt werden, um verstanden zu sein.

Als ihr eure Emotionen aufgabt, gehörte die Liebe auch dazu? Die Liebe ist so innig verbunden mit Gott. Wie paßt Gott in dieses Geschehen hinein?

Die Vergangenheit meiner Rasse ist der euren sehr ähnlich, aber sehr viel ausgeprägter. Wir erlebten schwerere Vergiftungen, Verstrahlungen und gesellschaftliche Fehlfunktionen als ihr. Der drohende Zusammenbruch unserer planetaren Gesellschaft befähigte uns, einen Weg des Überlebens zu entwikkeln. Wir errichteten unterirdische Zufluchtstätten, um unserem physischen Körper ein Heim zu bieten, und gingen dazu über, Emotionen als Wurzel unseres Problems zu betrachten. (Das heißt nicht notwendigerweise, daß es auch so ist; aber so trug es sich zu.)

Durch verschiedene Umstände wurden wir unfähig, Kinder zu gebären und konnten nur durch Kloning überleben. Da wir diese Art der Fortpflanzung meisterhaft beherrschten, entwikkelten wir ein Mittel, anhand dessen wir die neurochemischen Reaktionen auf unterschiedliche Reize im Gehirn herausklonen konnten. Anstelle eurer vielen Neurochemikalien erschufen wir ein einziges, daß auf jede Stimulierung reagiert. Damit erreichten wir einen Gleichklang unserer Reaktionen. Das gab uns schließlich die Möglichkeit, uns von dem Selbstverständnis als emotionale Humanoide wegzuentwickeln und uns auf den Mentalkörper zu konzentrieren.

Unsere Vorstellung von Liebe, wie wir sie wahrnehmen, ist uns gegenwärtig. Aber wir drücken sie anders aus, als ihr es tut. Wir verstehen uns als ein Ganzes. Wir sind eine verbundene Einheit. Diese Einheit liebt sich selbst bedingungslos. Wir können jeden Teil der Einheit lieben.

Mir wird von meinen Helfern mitgeteilt, daß das, was wir erfahren, nicht unbedingt Liebe ist. Es ähnelt wohl mehr der Anerkennung. Ich weiß nicht, ob das stimmt, aber es wurde mir so gesagt. Weiter teilt man mir mit, daß wir, seit wir mit euch kommunizieren, uns mit der Idee der Liebe anzufreunden beginnen. Das ist ein weiterer Gedanke, der studiert werden sollte, da es sich um etwas handelt, dessen ich mir nicht bewußt bin.

Was ist mit Gott? Wurde Gott zusammen mit den Emotionen ausgerottet?

Gott wurde auf eine spezielle Weise wahrgenommen. Wir wurden zu einem Aspekt oder einer integrierten Version von Gott. Aber in einem gewissen Sinne wurde Gott dadurch weniger ausdehnungsfähig.

Es war eine große Überraschung, als ich vor einem Monat plötzlich feststellte, daß ich an einigen eurer genetischen Projekte teilgenommen hatte. Ich stellte fest, daß sich in mir ein Fötus entwickelt hatte, den ihr mir weggenommen habt. Kannst du diesen Vorgang erklären?

Wir werden die Erschaffung von Föten erläutern, obwohl wir nicht die Wahrheit auf individueller Ebene bestätigen können; denn die Entdeckung dieser Wahrheit (falls es zutrifft) ist wichtig für das Wachstum eines jeden einzelnen von euch.

Den Frauen, die Vereinbarungen für diesen Vorgang trafen, sei gesagt, daß sich verschiedene Dinge ereignen können. Ihr könnt uns lediglich das genetische Material, wie z.B. eine Eizelle, zur weiteren Erforschung zur Verfügung stellen. Einige der Eizellen werden mit Spermien verbunden oder werden für andere Kloningprozesse benutzt. Manchmal liefert uns nur ein Hautfetzen die DNA-Struktur, die wir suchen. Einige Frauen sind mit einer Spermienprobe geschwängert worden, die von uns so verändert wurde, daß sie einige unserer Gene enthielt. Das so erzeugte Embryo verbleibt maximal nicht länger als vier Monate im Mutterleib und wird dann entfernt, ohne dem Körper ein Trauma zuzufügen.

Das ist keine sehr weit verbreitete Methode.

Überwiegend erhaltet ihr durch das Unterbewußtsein über den Vorgang detaillierte Informationen; so daß ihr dann keine Fragen stellt oder kein Trauma erleidet, wenn der Fötus entfernt wird. Unsere Helfer erinnern uns gerade wieder einmal daran, dir nachdrücklich zu versichern, daß dies eine beiderseits erschaffene Wahl ist und du nicht als Versuchskaninchen mißbraucht wirst. Es handelt sich hier um eine Vereinbarung, die zwischen unseren beiden Seiten geschlossen wurde, damit du uns hilfst, eine erfreuliche Mischung aus unseren beiden Gattungen zu erzeugen, damit wir den evolutionären Sprung gemeinsam vollziehen können.

Nachdem diese Kinder fertig entwickelt sind (durchschnittlich nach 10 bis 12 eurer Monate), wird euch manchmal die Möglichkeit gegeben, die Kinder in der Brutkammer zu besuchen und durch Kontakte ihnen die benötigte Liebe zu geben, die wir ihnen nicht in diesem Umfang entgegenbringen können. Dies dient ebenfalls dem Zweck, euch zu beobachten und dabei eure mütterlichen Reaktionen zu erforschen. Wenn wir die auch nicht verstehen können, erkennen wir doch ihre erschütternde Wirkung an. Alle diese Demonstrationen von Gefühlen und Gemütsbewegungen zwischen Mutter und Kind sind äußerst beeindruckend. Es ist uns klar, daß es sich um eine sehr freudvolle und tiefgreifende Erfahrung handelt. Ihr seid Geburtshelfer einer anderen Rasse.

Als mir all das plötzlich klar wurde, fühlte ich mich freudig erregt. Es gab keine Angst oder Bedauern.

Das freut mich. Es gibt andere auf eurem Planeten, die keine solchen Gefühle haben. Solltest du mit ihnen zusammentreffen, möchten wir dich dazu ermutigen, mit ihnen über deine Gefühle zu sprechen.

Gibt es Situationen, in denen in einer Frau ohne Partner ein Fötus heranreifen kann?

Er kann von einem menschlichen Spender stammen. Wir nennen sie Spender; ängstliche Menschen werden eher sagen, daß der Fötus "weggenommen" wurde. Wir besitzen gewaltige Samenbanken, und wir entnehmen diesen Samenbanken ein wenig Sperma.

Auch wenn du einen Lebenspartner hast, muß das Kind nicht unbedingt seinem Sperma entstammen. Es kann sein, muß aber nicht so sein.

Ich erinnere mich, daß ich ein sechs Jahre altes Kind auf dem Schiff sah. Das Mädchen hatte Narben im Gesicht und wurde von zwei Personen begleitet. Ich beugte mich zu ihr nieder, um ihr meine Zuneigung zu geben. Es war mir sehr wichtig, diesem Kind Liebe zu schenken. Man sagte mir, es wäre krank gewesen. Ich entgegnete, daß das für mich keine Rolle spielt und ich den Wunsch verspüre, es zu küssen. Ich küßte alle Narben in seinem Gesicht. Ich fühlte eine große Liebe zu ihm. War es mein Kind?

Deine Gefühle beantworten dir deine Fragen. Vertraue deinen Emotionen.

Was geschieht mit diesen hybriden Kindern, wenn sie heranwachsen? Auf der Erde entwickeln Kinder, die keine Liebe erhalten, häufig sehr schwere emotionale Probleme. Was ge-

schieht mit ihnen in einer Umwelt, in der eure Rasse unfähig ist, den Kindern die nötige Liebe entgegenzubringen ?

Wir haben Betreuer als Ersatz, die täglich zu den Kindern gebracht werden mit der Aufgabe, sie zu lieben. Ihr müßt verstehen, daß die Einwohnerzahl auf eurem Planeten sehr groß ist. Es mangelt nicht an liebenden Frauen. Selbst einige Männer geben diesen Kindern Liebe.

Sind diese Betreuer Menschen, die in ihrem physischen Körper geholt werden?

Ja. Du fragtest, was mit den Kindern geschieht. Viele von ihnen erreichen ihre Reife nicht; deshalb arbeiten wir so eifrig an der Schaffung der richtigen Art, auf die wir uns dann konzentrieren. Etliche Arten bestehen nicht fort. Wir werden gerade angewiesen, euch mitzuteilen, daß die Kinder, so lange sie leben, ein erfülltes Leben haben. Es gibt keinen Schmerz, keine Trauer. Sie freuen sich, wenn sie mit euch Kontakt haben, eure Liebe erhalten und wenn sie eure Liebe erwidern.

Du willst also sagen, daß sie sterben, bevor sie das Erwachsenenalter erreicht haben?

Ja. Es gibt etliche, die überleben - aber sie sind schwach; wir halten sie in einer speziell für sie geschaffenen Umgebung auf einem Schiff. Unser Wunsch für die Zukunft ist es, eine planetarische Umgebung zu schaffen, die sie bevölkern können. Bis jetzt sind wir aber noch nicht soweit.

Da unsere DNA ein Teil ihrer Gene ist, müssen sie fähig sein, Emotionen bis zu einem gewissen Grad zu entwickeln. Sind sie glücklich in der Umgebung, die ihr ihnen zur Verfügung stellt?

Sie strahlen eine ruhige, friedvolle und starke Spiritualität aus, die wir als Glück oder Zufriedenheit deuten.

Wenn du sagst, ihr haltet sie für glücklich, dann bewertet ihr das von einem Blickwinkel heraus, der auf keine solche

Erfahrungen zurückgreifen kann. Würde jemand wie Bashar ihren emotionalen Zustand als glücklich bezeichnen?

Ja. Wir arbeiten häufig mit anderen Rassen zusammen, wie z.B. den Plejadiern. Sie bewerten es in der gleichen Art und Weise.

Haben diese Kinder die Möglichkeit, mit anderen Individuen Beziehungen anzuknüpfen?

Nicht einer mit dem anderen. Das ist nicht unser Weg.

Wäre das nicht nützlich?

Nach unserem Verständnis - ob wir uns hier irren oder nicht - funktioniert die Beziehung des Einzelnen zu Elternteilen manchmal (eher öfters) nicht.

Meiner Auffassung nach sammeln die Zetas eine Menge Daten über Abhängigkeiten und Süchte. Bist du vertraut damit?

Ich bin vertraut mit einigen dieser Verbänden, die Informationen beschaffen. Ich habe allerdings keinen tieferen Einblick.

Warum also all diese Neugier auf diesem Gebiet?

Unsere Gesellschaft litt einst unter schweren Störungen und Abhängigkeiten. Wenn wir in der Lage sind, diese Anormalien zu verstehen, wird es uns gelingen, sie bei der Wiederherstellung von Emotionen zu vermeiden. Wir versuchen, unsere Vergangenheit zu verstehen, um die Zukunft betreten zu können.

Hast du irgendeine Vorstellung davon, wie hoch zur Zeit der Prozentsatz der hier auf der Erde lebenden Menschen ist, die unter solchen Fehlfunktionen leiden?

Er ist sehr hoch. Er liegt bei über 90 Prozent.

Hältst du Bindungen für negativ?

Nicht *jede* Art. Es hängt von der Natur der Bindung ab.

Ich meinte die positive Seite der Bindung, die dem Kind in eurer Umgebung nützlich wäre.

Mein Bewußtsein versteht die Vorstellung der Verbindung zweier Lebewesen nicht, da wir alle eins sind.

Bindung sollte doch möglich sein, da wir aufgrund unserer emotionalen Natur ohne diese Form der Verbundenheit nicht den Willen besäßen, das Leben bis zum Erwachsenenalter durchzustehen. Das Nichtvorhandensein dieses Gefühls könnte womöglich ein Grund dafür sein, daß die Kinder in eurer Obhut das Erwachsenenalter nicht erreichen.

Ihr habt etwas auf eurem Planeten, das ihr "Kibbuz" nennt. In einem Kibbuz gibt es nicht unbedingt eine Zweierbeziehung, und trotzdem werden die Kinder geliebt. Wir sind uns sicher, daß dies nicht die Hauptursache für die Auflösung ihres funktionsfähigen Daseins ist.

Viele von uns hatten häufige Kontakte zu euch, die dann schlagartig aufhörten. Sind diese Wechselbeziehungen zyklischer Natur? Was ist die Ursache dieser Veränderungen?

Von unserem Standpunkt aus beenden wir niemals die Kommunikation. Die Zeitlücken, die ihr wahrnehmt, entsprechen lediglich eurer Methode, die Zeit zu reglementieren. Verstehst du, was ich meine?

So bestimmen also unser Wachstum und unsere Entwicklung den Zeitpunkt dieses Erlebnisses?

Richtig. Ihr nehmt Zeitlücken zwischen den Erlebnissen auf eurer scheinphysischen Ebene und im Traumzustand wahr. Für uns ist es allerdings eine konstante Beziehung.

Ich habe einige Fragen, die ich gerne stellen würde. Es hat mit der Art des Festhaltens (Entführungen) von Kindern in den 50er und 60er Jahren zu tun. Welche Folgen hat es für sie heutzutage? Gibt es Hinweise, daß die Zeta Reticuli die Art oder die Umstände der festgehaltenen heutigen Kinder verändern werden?

Wir haben an den Entführungsbedingungen nichts geändert. Der Unterschied liegt in dem jetzigen Zustand des Massenbewußtseins. In den 50er Jahren eurer Zeitrechnung wolltet ihr verwundbar sein. Ihr wolltet euch als Opfer fühlen, heute ist das nicht mehr ganz so. Die Kinder, die bereit waren, vorübergehend entführt zu werden, waren damals inkarniert, um freiwillig diese Rolle zu spielen. Über die Jahrzehnte schafft ihr es, euch über eure Gefühle der Opferung und Machtlosigkeit klar zu werden. Während ihr die Jahrzehnte durchlebt, erfahrt ihr eine bedeutende transformatorische Veränderung. Was erwünscht ihr euch noch?

Wir haben während unserer Beobachtungen festgestellt, daß den entführten Menschen psychische Schäden zugefügt wurden - in erster Linie rühren sie her aus Unverständnis dem Ereignis gegenüber. Deine Aussagen lassen vermuten, daß heute diese Schäden nicht mehr so wie früher auftreten.

Die Kinder, die heute entführt werden, stimmen wirklich dem Gedanken der bewußten Freiwilligkeit zu. Heute gibt es weniger zwangsweises Festhalten, sondern mehr Freiwilligkeit. Das zeigt die Veränderung an, die in einer Spezies geschieht.

Wir möchten euch noch einmal dafür danken, daß wir alle händehaltend gemeinsam den Quantensprung vollführen werden. Unser Dank gebührt euch.

"... von einem einfachen Anfang aus entwickelten sich wunderschöne unendliche Formen, die meist wundervoll waren und auch sind."

Charles Darwin aus *"Die Herkunft der Arten"*

3. Sexualität und die Zeta Reticuli

"Sex war eines der Symptome unserer Funktionsstörung, und so verleugneten wir Sex zusammen mit der überhandnehmenden Emotionalität, die unsere Kultur überflutete."

Harone

In dem Versuch, die Psyche der Zeta Reticuli zu verstehen, sollte man ihre Anschauung über Sex und Sexualität betrachten. Sie besitzen eine hochgradige praxisbezogene Neugier. Weiterhin scheint es, als hätten sie ein starkes Verlangen nach experimentellem Verständnis, auf das sie bisher nicht zurückgreifen konnten.

Die Zeta Reticuli haben bisher die Verbindung zwischen Gefühl und Sexualität nicht verstanden. Obwohl sie es auf ihre Weise versuchen, erforschen sie weiterhin die chemische Natur der Sexualität, und mühen sich gleichzeitig ab zu verstehen, wie menschliche Emotionen durch diese Chemie ausgedrückt werden können. Ihr Verlangen nach absolutem Verstehen treibt sie an, nach einer Integration von Biochemie und Gefühlen zu suchen.

Es folgt nun eine Unterhaltung mit Harone. Harone ist Projektleiter für genetische Experimente. Er verbrachte viel Zeit mit humanoiden Wesen anderer Rassen und bemüht sich, den Menschen seine Einsichten über die Absichten und Vorhaben der Zeta Reticuli mitzuteilen.

Harone: Wir sprachen bereits über die Geschichte des apexianischen Systems. Kennt ihr diese Vergangenheit, dann könnt ihr das Verständnis für unsere Entwicklung aufbringen und begreifen, warum wir über verschiedene Dinge Bescheid wissen, die wir in unser Wesen reintegrieren müssen. Laßt uns über unsere Physiologie und Sexualität sprechen.

In der Vergangenheit schworen wir uns, uns in keinem Bereich unseres Lebens von der Leidenschaft leiten zu lassen. So begannen wir damit, aus unseren Körpern all die physiologischen Reaktionen herauszuklonen, die einen emotionalen Widerhall hervorrufen könnten. Tatsächlich entfernten wir alle physischen, neurochemischen Reaktionen, die in der Lage waren, Gefühle zu entfachen. Wir wollten in einer völlig ausgeglichenen Weise auf jede Art von Stimulierung reagieren, der wir begegneten. Danach existierten keine Emotionen oder unterschiedliche Reaktionen mehr.

Dann entdeckten wir, daß uns ein Fehler unterlaufen war. Der Kloningprozeß, den wir zur Lösung unserer ureigensten planetaren Probleme entwickelt hatten, endete in einer schwachen, zellularen Struktur ohne Veränderungsmöglichkeit und Anpassungsfähigkeit. Wir erkannten, daß wir zu einem Prozeß der biologischen Zeugung und gleichzeitig zur emotionalen Reaktion zurückzufinden mußten. Aber dazu waren unsere physischen Körper nicht mehr in der Lage. Wir hatten keine Sexualorgane. Wir besaßen keine körperlichen Unterschiede zwischen den Geschlechtern. Wenn ihr versuchen wolltet, nebeneinander stehende Männer und Frauen zu unterscheiden, dann könntet ihr keinen Unterschied feststellen können.

Wenn man sich also für sein Leben einen zetischen Körper aussucht, dann macht es absolut keinen Unterschied, ob er ein XX (weibliches) oder XY (männliches) Chromosomenpaar enthält?

Richtig. Es besteht kein körperlicher Unterschied. Es gibt ebenso keinen psychischen Unterschied - keine Polarisierung der Energien. Das ist auf unsere Entscheidung zurückzuführen, alle emotionalen Reaktionen aufzuheben und ein einziger, verschmolzener Geist zu werden.

Wir entschieden, daß unsere Individualität ungesund sei. Es war eine Individualität, die das Ganze, die Einheit, verleugnete. Daraufhin versuchten wir, zum Ganzen zu werden und verneinten unsere Individualität. Jetzt erkennen wir, daß wir weitere Gegensätzlichkeiten hervorriefen und wünschen uns, sie ins Lot zu bringen, indem wir unserer Ganzheit die Individualität hinzufügen.

Versucht ihr jetzt, diese Individualität zu integrieren, indem ihr euch bemüht, Sexualität wieder einzuverleiben?

Ja. Wir erkennen, daß das für körperliche, biologische Wesen eine vitale Funktion ist. Wir glauben, daß sexuelles Verhalten uns dabei helfen kann, Gefühle zu entwickeln. Wir haben auf anderen Welten Zivilisationen gesehen, die sich trotz sexueller Beziehungen emotional sehr ergänzen und sich als Spezies fortpflanzen. Diese Eigenschaften wünschen wir uns. Es wäre unserer Rasse sehr nützlich, wenn wir sie uns aneignen könnten.

Habt ihr gegenwärtig irgendwelche physischen Vorlieben füreinander?

Nein. Dafür gibt es keinen Grund und gab es auch keinen in der Vergangenheit. Wir glauben, deine Frage verstehen zu können. Es existiert wirklich keine Beziehung zwischen einzelnen von uns, aber es gibt eine Gruppenbeziehung. Das einzig verbleibende förmliche Verhalten ist eine Verschmelzung mit jedem körperlich Anwesenden. Wir bilden einen Kreis, halten uns bei den Händen und verschmelzen mit dem Einen. Wenn wir uns in dieser Weise miteinander verbinden, verlieren wir den Fokus unserer täglichen Pflichten und rücken in den Brennpunkt des Ganzen. Ihr könnt sagen, daß wir so eine Empfindung der Ausdehnung und des Verschmelzens erleben. Wir nehmen an, daß dies der Zuneigung oder sexueller Zwischenbeziehungen am nächsten kommt.

Fühlt ihr während dieser Zeit Liebe für die anderen?

Ich verstehe nicht wirklich, was "Liebe" ist, aber ich glaube, daß die korrekte Antwort Nein lauten müßte. Wir schwingen uns in die Idee ein und nicht eine andere Person.

Ihr auf eurem Planeten meßt dem sexuellen Akt solch eine Bedeutung bei - eine Wichtigkeit, die über die Zeugung hinausgeht - und das macht uns sehr neugierig. Wir sehen, daß dieser Vorgang mit Gefühlen verbunden ist, aber wir sind außerstande, sie zu verstehen.

Was also passierte am Anfang, als deine Rasse begann, ihre Sexualität zu verleugnen?

Die Energie wurde in andere Gebiete hineingeleitet, speziell in unser mentales Sein. Erst nach vielen Generationen verstanden wir, daß die verstärkte Konzentration auf unseren mentalen Prozeß den Blick für die Realität einengte. Wir stellten fest, daß wir für neue Ideen nicht länger zugänglich waren.

Wurde eure Leidenschaft - welche es auch gewesen sein mag - aus allen körperlichen und emotionalen Aspekten eures Leben entfernt und einzig noch auf die mentalen Fähigkeiten gerichtet?

Ja, so konnten wir unsere genetischen und unsere Umweltprobleme lösen. Wir nahmen an, daß wir aus dem Gleichgewicht geraten waren, weil unsere Gefühle und Leidenschaften unsere frühere Geisteshaltung verdrängt hatte.

Dachtet ihr, daß die Verneinung der Sexualität euch in eine höhere Spiritualität führen würde?

So weit schauten wir nicht voraus. In erster Linie sahen wir den Sex als eines der Symptome an, das unsere Funktionsunfähigkeit ausdrückte, und so verdrängten wir ihn genauso wie die überhandnehmende Emotionalität, die unsere Kultur überflutete. Wir begannen erst die spirituellen Verbindungen zur Sexualität zu erforschen, nachdem wir ihr abgeschworen hatten.

Wer entschied, wann ein neuer Körper geklont wurde, wann das Leben für einen neuen Zeta beginnen konnte?

Es wurde einfach durch das Bedürfnis der Gesellschaft nach einem neuen Mitglied bestimmt. Die Autorität wird nicht durch eine Position oder von einer Person ausgeübt. Der gesamte Gruppengeist erkennt, daß weitere Mitglieder gebraucht werden.

Nun versucht ihr, durch Kloning die gefühlsmäßige Reaktion erneut in euren Körpern zu erzeugen?

Vielleicht trifft der Ausdruck einer *Rückverbindung* besser zu.

Befindet ihr euch an dem Punkt, an dem ihr leichte körperliche und emotionale Reaktionen zu fühlen beginnt?

Wir mögen uns am Rand des Fühlens bewegen, aber gerade jetzt in ein Feuer zu springen, wäre einfach nur töricht. Wir würden keinen Schmerz verspüren. Die Art, wie wir unsere "Gefühle" abschätzen, hat etwas damit zu tun, wie interessiert wir an einem Gedanken sind. Hat die Aufdeckung eines Gedankens Neugier und gespannte Aufmerksamkeit hervorgerufen, dann wissen wir, daß diese Straße vielleicht zur Entdeckung von Gefühlen führt.

Was habt ihr unternommen, als ihr euch eurer sexuellen Neugier bewußt wurdet?

Wir wußten, daß wir einen genetischen Pool brauchten, der uns die Möglichkeit der Wiedereingliederung unserer Emotionen geben würde. Wir benötigten eine lebende genetische Struktur, der wir die DNA entnehmen, damit wir sie uns erneut einverleiben können, um durch Wiederherstellung der chemischen Reaktionen nochmals Emotionen empfinden zu können.

Fandet ihr eine genetische Struktur? Und wenn ja - wo?

Ja, wir fanden sie auf eurer Erde. Euer Planet hat all die primären Gene unserer frühen Geschichte, und das alles an einem Ort. Es ist einfach perfekt.

Bitte versteht, daß wir nichts gegen den Wunsch und Willen eines Jeden tun. Ihr habt uns eingeladen, ob es euch nun bewußt ist oder nicht. Wir haben immer vorausgesetzt, daß euer Unterbewußtsein die Stimme eures Bewußtseins wäre. Nachdem wir nun eine Weile mit euch kommuniziert haben, lernten wir, daß ihr nicht immer wißt, was euer Unterbewußtsein sagt.

Wir haben nach Menschen gesucht, deren Unterbewußtsein uns eingeladen hat; aber es war uns nicht klar, daß diese Einladungen manchmal nicht vom bewußten Verstand wahrgenommen werden. Weiterhin haben wir verstanden, daß der Teil eures Wesens, der empfindsam macht - ihr nennt es "Seele" -, die Zustimmung zu verschiedenen Ereignissen geben kann. Es gibt nichts, das euch zum Opfer oder zur Beute werden läßt. Ihr werdet immer das anziehen, was ihr wünscht oder erleben wollt; denn ihr seid genauso wißbegierig wie wir.

Mit diesen Gedanken erreichten wir euren Planeten und suchten uns die Personen aus, die uns ihre Einwilligung zur Teilnahme an unseren Experimenten gegeben hatten - ob nun auf der bewußten oder auf der Seelenebene.

Ihr habt also niemals ein Experiment ohne Vereinbarung mit dem jeweiligen Menschen durchgeführt?

Richtig. Diejenigen, die nicht vollständig zustimmten, können wir nicht wahrnehmen. Wir können sie wegen des Unterschieds zwischen euren und unseren Schwingungen körperlich nicht *ausfindig* machen.

Wir beobachten euch schon, seitdem der größte Teil eurer Geschichte aufgezeichnet wird, denn wir haben verstanden, daß die Entwicklung eurer Kultur vielleicht parallel zu unserer Vergangenheit verlaufen könnte. Unsere Neugier erreichte ihr größtes Ausmaß in den 40er Jahren eures Jahrhunderts.

Wir beobachteten in jenen 40er Jahren, daß sich eure Zivilisation dem Punkt der möglichen totalen Zerstörung genähert hatte; es ähnelte dem sehr, was wir früher durchgemacht hatten. Wir verstanden es und bemerkten, daß ihr euch in einer Schwellensituation befandet. Ihr konntet jeden der beiden Wege einschlagen. Ihr konntet euch selbst vernichten oder das unbegrenzte Potential des Bewußtseins erreichen. Wir begriffen, daß wir uns gegenseitig von Nutzen sein könnten.

Wir begannen damit, die Erlaubnis einzuholen, Menschen beim sexuellen Akt zu beobachten. Hieraus gewannen wir solch eine Fülle an Daten, daß wir nicht wissen, wie wir sie alle bearbeiten sollen. Wir entwickelten erst die einfachsten Schlußfolgerungen, die daher für diese Menge von Daten nicht aussagekräftig sind. Keine dieser Folgerungen entspricht jenseits der begrenzten Auswertung der Wahrheit.

Der nächste Schritt lag darin, die Hilfe humanoider außerirdischer Rassen zu gewinnen, die darin bestand, daß sie sich auf sexuelle Begegnungen mit Menschen einließen. Wir beobachteten diese Erlebnisse, um herauszufinden, ob sich euer sexuelles Verhalten durch den Kontakt zu einer anderen Spezies verändern würde. Bis jetzt sind wir nicht in der Lage, die Informationen zu interpretieren. Zeitweise erfahrt ihr Emotionen, die für uns wie eine Wand sind. Ihr nennt es Angst. Jenseits dieser Angst können wir nichts erkennen; das behinderte die Sammlung unserer Daten erheblich.

Harone, deine Aussage wird manchen auf Erden aus der Ruhe bringen.

Bitte erinnert euch, daß dies *nur* aufgrund eures Einverständnisses geschieht.

Und wir haben uns ebenfalls damit einverstanden erklärt, uns an diese Zwischenfälle nicht zu erinnern?

Richtig, es gibt einige, *die sich erinnern*, aber augenscheinlich empfinden sie etwas, das ihr als Schuldgefühl oder Peinlichkeit bezeichnen würdet.

Das klingt verständlich. Wann geschehen diese Dinge?
Zuerst einmal nehmen wir mit euch in der Nacht Kontakt auf; einfach aus dem Grund, weil sich unsere Augen nicht an euer Sonnenlicht gewöhnen können - sie sind zu empfindlich. Laß uns also annehmen, daß du schlafend in deinem Bett liegst. Plötzlich wird dir bewußt, daß da ein Wesen neben dir steht. Eine große Anzahl von euch fürchtet sich vor diesem Gedanken. *Wir haben nicht die Absicht, euch zu ängstigen.* Betrachte es einmal so: Vielleicht bist du es, der unwissentlich einer fremden Kultur Angst einjagt, wenn du ihr auf deinem Planeten begegnest!

Welches war der nächste Schritt in eurem Experiment?
Es oblag einem Zeta, sexuelle Beziehungen direkt zu einem Erdenmenschen aufzunehmen.

Erlaubt mir zu erklären, daß sich zur Zeit drei Formen des Zetabewußtseins in Wechselbeziehung zu eurem Planeten befinden. Als erstes gibt es den **unverfälschten Zeta**, der einer sehr hochschwingenden Energie entspricht und mit euch nicht auf dem körperlichen Niveau in Kontakt treten kann. Diese Zetas können euch nur auf scheinbar physischen Ebenen erreichen, wie zum Beispiel im Traumzustand oder anderen veränderten Bewußtseinszuständen.

Kategorie Zwei ist der **veränderte Zeta**, und er bildet den am weitest verbreiteten Zweig der Zeta Reticuli. Der Grund dieser Veränderung liegt in der daraus resultierenden Fähigkeit, mit euch auf einer mehr körperlichen Ebene Kontakt aufzunehmen. Die unveränderten Zetas werden mit euch in Verbindung treten, um durch die Energie zu lernen - durch Betrachten, durch Beobachten. Diejenigen, die euch in jedweder körperlicher Form erscheinen, stammen aus der Gruppe der veränderten Zetas.

Das **hybride Bewußtsein** bildet die dritte Kategorie; sie entstand aus einer Kombination von Erdenmenschen und veränderten Zetas. Dieses hybride Bewußtsein ist in erster Linie instabil, obgleich es einige Arten gibt, die mit euch während eurer Kontakte zu unserer Rasse kommunizieren und physisch eine Beziehung aufnehmen können.

Ich rechne mich selbst der Gruppe der veränderten Zetas zu. Da ich einen geringen Anteil irdischer Gene in mir trage, bin ich einzigartig. Zu den Hybriden kann ich mich jedoch nicht zählen.

Wie geschieht diese Veränderung?

Es wird durch das Herunterschalten der Schwingungsfrequenz erreicht. Man bringt einen unverfälschten Zeta in eine energetisch und schwingungsmäßig aufgeladene Umgebung, die eine dichtere Realität vortäuscht. Es ist, als ob ein Wesen in eine fremde Umwelt eintaucht, um sich einer anderen Dichte anzupassen. Der veränderte Zetas-Zustand kann von Dauer sein oder auch nur vorübergehend. Es ist sowohl eine körperliche als auch eine psychisch/psychologische Veränderung. Das Bewußtsein verändert sich, sobald jemand eine neue Umwelt betritt.

Wird die hybride Kategorie dadurch erschaffen, daß irdische DNA zusammen mit einem veränderten Zeta in einem Kloningprozeß benutzt wird?

Richtig. Sie wird durch verschiedene Vorgänge im Laborbereich geschaffen, wo menschliche DNA erfolgreich mit der DNA veränderter Zetas verbunden wird. Eine der Schwierigkeiten, die wir während unserer Experimente zur Erschaffung der Hybriden hatten, bestand darin, die richtige Umgebung für die veränderten Zetas zu finden, bevor die Verbindung mit der irdischen DNA stattfindet.

Warum also möchte ein veränderter Zeta sexuelle Beziehungen zu Menschen haben?

Um mit sexuellen Begegnungen zu spielen; um festzustellen, ob es Gefühle in uns wachruft.

Du sagtest, daß sich eure Sexualorgane zurückgebildet hätten. Wie kommt eine Begegnung unter diesen Umständen zustande?

Wir können Organe simulieren. Nichts ist einfacher, als die Energie durch den Fokus der Gedanken zu verfestigen. Leider können wir bis jetzt durch diese Simulation kein körperliches Gefühl hervorrufen, ebensowenig sind wir durch diese simulierten Organe fortpflanzungsfähig.

Bis jetzt sind noch keine Kinder durch diese Experimente auf eurem Planeten geboren worden. Es wurde vielleicht die DNA verändert, aber sie werden nicht als Hybriden bezeichnet.

Unsere gegenwärtige Arbeit richtet sich auf die Verstärkung des Immunsystems dieser Kinder. Sie besitzen Teile des unsrigen und Teile des menschlichen Immunsystems. Eine stabile Ausgeglichenheit zu finden, ist für uns nicht ganz einfach.

Wir befinden uns nun in der zweiten Phase der Entwicklung, und wir planen, in euren 90er Jahren in die dritte Etappe übergehen zu können. Diese Stufe wird einen erweiterten integrierten Aspekt beider Rassen darstellen, damit eine größere Anzahl von Hybriden geschaffen werden kann.

Ein Experiment, das wir durchführen, beinhaltet die Schwängerung weiblicher Menschen. Das Kind lebt, bevor es entfernt wird, drei bis vier Monate im Mutterleib. Solch ein Kind kann auf Erden nicht existieren, da seine Frequenz sich von der auf der Erde vorherrschenden unterscheidet.

Ein anderes Experiment besteht darin, eine Frau mit Sperma zu schwängern, das hauptsächlich terrestrisch (irdisch) ist, aber veränderte DNA-Strukturen enthält. Das Kind ist in solcher Weise verändert, daß es die nächste evolutionäre Stufe auf eurem Planeten repräsentieren wird und doch auf eurem Planeten überleben kann.

Was glaubst du, wonach ihr emotional sucht?
Unserem Verständnis nach basiert Imagination auf Emotionen. Unsere Vorstellung umspannt nur das, was unsere mentalen Fähigkeiten erschaffen können. Wir haben begriffen, daß wir wegen unserer evolutionären Prozesse

nicht so wie ihr sein könnt, aber wir streben dem Ideal der körperlichen Fortpflanzung nach und möchten auch durch körperlichen und nicht nur durch mentalen oder spirituellen Kontakt die Einheit ausdrücken.

Wir haben gehört, daß eure Frauen gerne wieder Kinder erziehen und lieben lernen möchten und daß sie, um diese Fähigkeit zu erwerben, Menschen beobachten.

In unserer Geschichte erschufen wir eine immer weiter reichende Trennung zwischen Kindern und Erwachsenen, bis wir nicht mehr wußten, wie wir unsere Kinder in unseren Armen halten sollten. Häufig wurden XX Zetas (Frauen) ausgewählt, um den "Entbindungs"-Abschnitt unserer Hybriden zu leiten. Dahinter steht der Gedanke, daß dadurch gewisse mütterliche Instinkte, die wir einst besaßen, wieder wachgerufen werden könnten. Bisher trat keine Änderung der Gefühle ein. Deshalb fühlen wir uns durch euer Angebot so geehrt, uns bei der Erinnerung zu helfen, wie man diese Kinder versorgt. Eure Zivilisation lehrt uns Liebe in einer Weise, wie wir sie seit Jahrtausenden nicht mehr erfahren haben.

Bitte denkt nicht, daß wir herzlos oder kalt sind, weil wir Föten aus unserer und eurer Rasse erschaffen. Diese Föten sind die Vorväter einer neuen Rasse - einer Rasse, die Teil von uns *beiden* sein wird. Wir können euch nicht sagen, was das für uns bedeutet.

Der einzige Weg, unsere Gefühle zu messen, ist der Grad unserer Neugier - und es *existiert* ein Höchstmaß an Wißbegierde, die sich auf die Erzeugung hybrider Babys richtet. Aus diesem Grund werden während gewisser Phasen unserer Arbeit mit euch Männer und Frauen zu diesen Säuglingen gebracht, um ihnen Liebe zu geben. Wir verstehen, daß sie, da sie teilweise menschlich sind, menschlicher Zärtlichkeit und Liebe bedürfen. Wir sind unfähig, ihnen diese Gefühle entgegenzubringen, also laden wir Menschen aus zwei Gründen zu uns an Bord ein: diesen Kindern Liebe zu schenken und *uns* Liebe zu lehren.

Eure Rasse meint also, daß ihr, nur weil ihr in euren Körpern nicht die richtigen Chemikalien besitzt, unfähig seid, Liebe zu empfinden?

So lautet die Theorie. Aus diesem Grund setzen wir organische Implantate in menschliche Körper ein - nicht um euer Verhalten zu kontrollieren, sondern um die Neurochemikalien eurer Gehirne zu absorbieren, die ihr auf unterschiedliche Emotionen hin absondert. Später bearbeiten wir diese Chemikalien in unseren Laboratorien. Wir versuchen eine Veränderung *unserer* Gehirne zuwege zu bringen, um die chemischen Reaktionen eurer Hirne zu simulieren. Dieser Vorgang jedoch muß allmählich vonstatten gehen, damit sich unsere Gehirne an die neuen Sekrete gewöhnen können.

Erkennst du irgendeine spirituelle Beschaffenheit in euren Wesen?

Ja.

Besteht nicht das Einvernehmen, daß ihr, nur weil ihr spirituelle Wesen seid, lieben könnt?

Wir begreifen diese philosophische Frage. Analysieren wir sie, dann müßten wir dies bejahen. Aber das Wissen, daß diese Antwort der Wahrheit entspricht, befähigt uns nicht zur Liebe.

Ihr seid also der Ansicht, daß der Durchbruch zur Liebe dann erfolgen wird, sobald ihr die chemischen Fähigkeiten durch Erschaffung eines neuen physischen Körpers wiedergewonnen habt?

Ja. Wenn wir mit den veränderten Zeta-Körpern arbeiten, inkorporieren wir die simulierten Neurochemikalien, die wir in unseren Laboratorien anhand der durch euch gesammelten Daten schaffen. Wir koppeln sie dann mit unseren Beobachtungen des menschlichen Verhaltens. Wir setzen voraus, daß die Kombination der neurochemischen Simulation und die Beobachtung dieses Verhaltens eine chemisch-emotionale Reaktion in uns auslöst.

Könnt ihr nicht einfach die Entscheidung treffen, eure Emotionen nicht länger abzulehnen?

Unsere Methode, Gefühle abzulehnen, ist anders als euer psychologisches Verständnis davon. Aus unserer vergangenen Verzweiflung heraus lehnen wir Emotionen vollständig ab, anstatt sie zu unterdrücken oder sie zu verinnern. Wir veränderten ebenfalls unsere Gehirnstruktur, damit sie keine unterschiedlichen Reaktionen auf äußere Anreize produzieren würde. Wir entfernten Gefühle lieber aus unserem physischen Körper, als daß wir sie unterdrückten. Wir wußten, daß Emotionen nicht *wirklich* psychologisch unterdrückt werden können, da sie sich dann nur auf andere Weise äußern.

Gibt es eine Vorstellung von Eigenliebe oder einem Selbstverständnis?

Ja, aber nicht als Individuum - sondern als Teil des Ganzen.

Glaubst du, daß du als Individuum einen einzigartigen Beitrag für das Ganze leisten kannst?

Hierauf kann ich nur antworten: es gibt eine Einzigartigkeit in meiner Rasse. Verschiedene Ideen rufen unterschiedliche Grade der Neugier in verschiedenen Personen hervor. Es ist das einzige Überbleibsel von Individualität, das wir besitzen, und es sicherte uns das Überleben.

Liebst du dich selbst für diesen einzigartigen Beitrag?

Bitte versteht, daß ich durch Jahre der Evolution beeinflußt bin. Für mich ist die Vorstellung, mich selbst dafür zu lieben oder zu schätzen, reine Energieverschwendung, die besser in das Ganze einfließen sollte.

Eure Gesellschaft ist äußerst individualistisch; ihr fühlt euch dem Ganzen nicht sehr verbunden. Wir auf der anderen Seite sind wie ein Massenbewußtsein. Jeder von uns hat seine eigene Persönlichkeit, aber diese Persönlichkeit ist nicht die Hauptmotivation in unserem Leben. Uns motiviert die Verbindung mit dem Ganzen, das uns nährt und uns, was ihr Liebe nennt, schenkt. Wir züchteten unsere Gefühle heraus, weil wir sie nicht zu benötigen glaubten. Von unserem Standpunkt aus seid ihr im höchsten Maße individualistisch und höchst emotional.

Es scheint, es gibt so viele Unterschiede zwischen uns, daß ich mich immer noch darüber wundere, daß ihr so an der Erde interessiert seid.

Aus mehreren Gründen. Ihr erreicht einen Punkt, an dem wir uns vor sehr langer Zeit befanden. Wir bewegten uns dann von diesem Punkt auf katastrophale Veränderungen unseres Planeten zu. Ihr müßt diesen Weg nicht gehen. Ihr habt eine Wahl, und dies ist die Zeit, eure Wahl zu treffen. Es ist ebenfalls eine perfekte Zeit für uns, Wechselbeziehungen zu euch aufzunehmen, da die Chemikalien, die ihr absondert, denen ähneln oder gleichkommen werden, die wir einst unter den gleichen Umständen produzierten.

Ihr seht, wir lehnten, als wir unseren Kloningprozeß begannen, unsere Vergangenheit vollkommen ab. Wir besitzen keine Aufzeichnungen über unser damaliges Wesen. Es gibt keinen Weg zu erfahren, wie unser ursprüngliches chemisches Make-up aussah, als wir noch Gefühle besaßen. Ihr kommt dem am Nächsten, was wir früher gewesen sein mögen. Wir bemühen uns, unsere Vergangenheit zu heilen. So einfach ist das.

Es besteht eine Vereinbarung zwischen unseren beiden Rassen. Ihr lehrt uns etwas über die Liebe, die wir vermutlich in uns haben und die wir erschließen möchten; und ihr lehrt uns, uns nicht vor unserer eigenen Individualität zu fürchten. Wir lehren euch etwas über eure Ängste, und wie ihr sie in eure Stärken verwandeln könnt. Unsere Beziehung ist eine symbiotische, denn wir sind alle Teil eines Ganzen.

4. Der Entführungsprozeß

"Eure genetische Grundstruktur in Verbindung zu eurer soziologischen Entwicklung macht euch zum Hauptkandidaten..." - Harone

---

Einige der meistgestellten Fragen, die das Entführungsphänomen betreffen, sind äußerst kompliziert. Viele möchten erfahren, wie dieser Prozeß tatsächlich abläuft, und ob es sich hier um einen physischen, energetischen oder psychologischen Vorgang handelt. Bis jetzt jedoch ist die Spitze des Eisberges kaum erreicht. Die Begegnungen mit den Zeta Reticuli finden auf den körperlichen Ebenen, denen des Traumzustandes, auf scheinbar körperlichen und allen uns vorstellbaren Ebenen statt.

Solidere Information über ihre Realität und ihre Beobachtungsweise hilft und gestattet uns letztendlich, unsere Beziehung zu den Zeta-Reticuli zu verändern. Indem wir einige geballte technische Informationen, wie sie ihre Wechselbeziehung mit den Menschen sehen, untersuchen, können wir äußerst wichtige Einblicke in ihre Welt gewinnen. Vergessen wir nicht, daß dies die perfekte Gelegenheit für ein Beobachten der Beobachter ist!

Die folgende Unterhaltung mag vielleicht etwas Licht ins Dunkel dieser technischen Fragen bringen. Harone spricht offen über seine Wirklichkeit und wie er die Übereinkünfte zwischen den Zeta Reticuli und den Menschen sieht. Er beantwortet ebenfalls gezielte Fragen über einige der üblichsten Belange, die Personen bezüglich des

Entführungsphänomens äußern. Obwohl die Informationen keineswegs vollständig sind, nähern wir uns mit einem weiteren Schritt dem Verständnis der rätselhaften Rasse der Zeta Reticuli.

Ich möchte diese Unterhaltung mit einer Frage eröffnen. Welcher Art ist die Vereinbarung oder Erlaubnis, die den Zetas die Möglichkeit gibt, Menschen zu entführen, sie festzuhalten und Experimente an ihnen durchzuführen?

Harone: Die Erklärung ist einfach. Wir empfinden eure Kollektivseele als einen Teil der unsrigen. Diese Einheit gewährt uns die Erlaubnis.

Wie nahmt ihr sie wahr?

Einfach durch unser Handeln. Die Erlaubnis besteht. Wären wir unfähig, die Aktionen durchzuführen, läge keine Erlaubnis vor.

Ursprünglich müßt ihr aber etwas wahrgenommen haben, bevor ihr mit der Durchführung eurer Aktion begannt. Es muß eine Art von Logik gegeben haben, die es euch ermöglichte, diese Idee wirklich umzusetzen.

Unsere Art der Logik wird vielleicht von den Menschen mit ihrem rationalen Verstand nicht akzeptiert werden. Da wir jedoch die Fähigkeit zu Zeitreisen besitzen, sind wir uns der Wahrscheinlichkeiten bewußt. Wir sind uns auch der Möglichkeiten der Erde bewußt. Ebenso kennen wir unsere Vergangenheit. Wir wissen, daß die Erde eine starke Wahrscheinlichkeit besitzt, in die gleiche Richtung zu driften, wie wir es taten. Als ein Mitglied der universellen Rassen liegt es in unserer Verantwortung, Planeten bei ihren evolutionären Schritten zu helfen. Gleichzeitig ist dies unser Geschenk an euch. Als wir eures Planeten gewahr wurden, erfolgte das unmittelbare Erkennen, daß wir uns gegenseitig etwas geben können.

Ich versuche gerade, das eben Gesagte in eine Perspektive für die Menschen umzusetzen, die diese Situation nicht definitiv als Ergebnis von Übereinstimmung und Zustimmung betrachten.

Wir können ihre Einstellung nicht verändern. Dieser Aspekt der Vereinbarung ist Teil der evolutionären Entwicklung, die ihr auf eurem Planeten durchmacht. Weigern sich diese Individuen weiterhin einzusehen, daß sie ihr Einverständnis zu allen Gegebenheiten in ihrer Realität erklärt haben, dann kommt ihre eigene Entwicklung zum Stillstand.

Ist es richtig, daß diese Art von Vereinbarung nicht mit Individuen geschlossen wird? Ich meine damit, daß viele Personen, die Bestandteil eurer Aktivitäten sind, zu euch gesagt haben: "Nein, tut das nicht!"

Einige haben das schon gesagt. Der größere Teil, der mit dem Ganzen verbunden ist, hat zugestimmt.

Wie ist das, wenn ihr mit diesem Teil kommuniziert?

Es ist eine Einwilligung. Es ist, als gäbe man uns ein Geschenk.

Bei uns ist es üblich, Abkommen schriftlich oder mündlich zu fixieren. Wenn jemand mit mir etwas vereinbart, dann habe ich es zumindest vorher verbal vernommen.

Wie oft triffst du stillschweigende Vereinbarungen? In fast jedem Moment deines Lebens. Sie sind nur subtiler, daher bemerkst du sie nicht. Jedes Mal, wenn du in eine Beziehung zu einer anderen Person trittst, entstehen zwischen euch stillschweigende Vereinbarungen. Wenn du daher jemanden in den Bereich deines Seins ziehst - in deine Realität - kommt automatisch ein Abkommen zustande. Es kann nicht anders sein.

Ihr seht, daß für Menschen die Vorstellung eines Übereinkommens getrennt von der Existenz besteht. Das bedeutet, daß ihr die Vereinbarung aus dem Fluß eures Lebens ausklammert. So beweist ihr euch, daß ihr ein bestimmtes Erlebnis herbeiführen könnt. Wir empfinden *Fließen* als Vereinbarung - die Wirklichkeit als Vereinbarung. Die Tatsache, daß wir hier sind - daß wir bei euch sind *ist* ein Abkommen. Ihr setzt die Ursache vor die Wirkung; jedoch *gleicht* die Ursache tatsächlich der Wirkung.

Ich finde, es besteht keine einheitliche Definition über das, was eine Vereinbarung überhaupt ist.

Diese Vereinbarungen lassen sich nicht mit menschlichen Definitionen erklären. Sie können es nicht, da nach eurer Definition eine Vereinbarung entweder mündlich oder schriftlich (so, wie du es sagtest) abgefaßt ist. Auch wenn mündliche oder schriftliche Abkommen getroffen werden, laßt ihr Schlupflöcher offen, um euch abzusichern. Die Zustimmung erfolgt nicht freiwillig. Diese Übereinkommen zwischen uns überschreiten die Körperlichkeit. Sie existieren innerhalb der absolut grundsätzlichen Natur eures Seins - eurer Seele.

Wir betrachten eine Vereinbarung auch als einen Willensakt. Er basiert auf einer Entscheidung.

Auf einer Entscheidung des *Egos*. Ihr trennt euer Ego von den anderen Teilen eueres Selbst.

Unserem Verständnis nach liegt hierin der Ursprung eines Abkommens. Es handelt sich um einen separaten Vorgang.

Es ist die Natur *eurer Art von Vereinbarungen*, aber ihr entwickelt euch. Ihr ändert euch. Einige Abkommen, die den Standpunkt des Egos überschreiten, wirken sich sehr viel machtvoller in eurem Leben aus.

Persönliche Entscheidungen bedeuten den Zeta Reticuli nicht viel, oder gar nichts?

Eure Worte lassen uns vermuten, daß viele von euch sich selbst nicht *erlauben*, unsere Aussagen zu verstehen. Irgendwie glaubt ihr, wir würden euch beleidigen. Das tun wir nicht!

Meine gegenwärtige Frage bezieht sich auf die Erkenntnis all dessen, was der größte Teil der Menschen darüber denkt und fühlt.

Es können verschiedene Arten von Vereinbarungen geschlossen worden sein. Zum Beispiel:

1. Einige andere außerirdische Rassen, die glauben, ihr wäret ihr Eigentum, könnten uns die "Besitzerrechte" übertragen. Daher wäret ihr unser Eigentum. Das ist nur eine Illustration; es wäre allerdings ein konkretes Übereinkommen, das ihr verstehen könntet. Aber das ist nicht der Fall.

2. Eure Rasse könnte sich zu einer Massenabstimmung entschließen: "Alle, die für einen Kontakt mit den Zeta Reticuli sind, heben bitte die Hand". Das wäre wirkungslos, weil ihr euch bis jetzt noch nicht eingesteht, daß wir existieren. So ist diese Art von Vereinbarung ebenfalls nicht anwendbar.

Das einzig verwendbare Abkommen zur Zeit ist die Vereinbarung auf der Basis, daß unsere kollektiven Seelen dem zugestimmt haben. Von diesem Punkt aus gesehen gibt es keine Unterschiede zwischen unseren Rassen.

Die Theoretiker auf eurer Erde haben große Schwierigkeiten, unsere Motive zu verstehen, weil sie nicht bereit sind, ihren Intellekt oder ihre Angst vor dem Unbekannten anzuzweifeln. Solltet ihr einmal über unsere Motive nachgrübeln, dann *müßtet* ihr die Natur eurer eigenen Seele miteinbeziehen. Tut ihr das nicht, dann geht die Rechnung nicht auf.

Ich persönlich kann dir sehr gut folgen. Aber mein Verständnis wird vielleicht den anderen, die diese Information benötigen, nicht helfen.

Wir können es nicht anders formulieren, da wir die Wahrheit so präsentieren, wie wir sie kennen. Ganz bestimmt möchten wir euch nicht weismachen, daß uns eure "Besitzrechte" übergeben wurden. Obwohl es vielen auf eurem Planeten recht gelegen käme (dann hätten sie jemanden, den sie verantwortlich machen könnten), entspricht das nicht der Wahrheit.

Dieser Gedanke steht in Übereinstimmung mit unserem Massenbewußtsein - wir können jemandem gehören, weil wir andere unser Eigentum nannten.

Stimmt. Das beunruhigt manche Leute. Aber neben dem Gefühl von Belästigung besteht vielleicht für manche unterschwellig ein großer Trost, weil sie die Dynamik verstehen können. Ihr durchlebtet tausende Jahre der Sklaverei. Unsere Beziehung zu euch basiert auf Gleichheit, und das ist *die* Lektion, die gelernt werden muß.

Nach unserer Vorstellung entsteht eine Übereinkunft aus Anfrage und Antwort. Hieraus ergibt sich manche Konfusion. Wir als Persönlichkeiten, die eine Spezies bilden, erinnern uns nicht daran, jemals die Anfrage vernommen zu haben. Die Zustimmung kann deshalb nicht erteilt worden sein, da niemals eine Anfrage gestellt wurde.

Die Zustimmung wurde auf der Ebene gegeben, auf der das Erlebnis stattfindet. Gewöhnlich treten wir nicht mit euch während eurer wachen, alltäglichen Realität in Kontakt. Wir nähern uns euch während eurer veränderten Bewußtseinszustände. *Während dieser veränderten Bewußtseinszustände geht ihr sehr offen auf Vereinbarungen ein.*

Selbst jetzt gestattet ihr euch auf eurem Planeten, anzunehmen, daß eure tagtägliche Realität die einzig wahre ist und die anderen Bewußtseinszustände nur untergeordnete Realitäten. Wie eure metaphysischen Studien ergaben, entspricht das nicht der Wahrheit. Tatsächlich ist *die alltägliche Realität mehr ein Traum als alles andere.* Das Einverständnis wurde in der Wirklichkeit gegeben, in der ihr *ständig* existiert, nicht in der Traumrealität, in der ihr euch findet, wenn ihr im Tagesbewußtsein euer tagtägliches Leben lebt.

Wird tatsächlich auf diesen anderen Ebenen nachgefragt?

Eine Nachfrage gibt es nur in dem Sinne, als daß die Schwingung ausgesandt wird und die Personen, die Teil des Vorgangs sein wollen, uns dies signalisieren.

Wäre es für euch von Nutzen, wenn diese Menschen auf eure Anfrage in dieser Realtität eingingen?

Auf längere Sicht wäre es von Vorteil; eine Zeitlang jedoch würde es eine Menge Verwirrung in unserer wie auch in eurer Arbeit verursachen. Wir würden keine exakten Durchgaben erhalten, wenn wir eurer wachen Stimme lauschten als eurer "realen Wirklichkeits-"Stimme. Auch würde die dadurch erzeugte Angst euer alltägliches Leben in solcher Weise beeinträchtigen, daß Verwirrung und Konfusion von allen Dingen ausgehen würde, die ihr glaubt, auf eurem Planeten erledigen zu müssen. Unsere Wechselbeziehung ist zur Zeit so ausgewogen wie möglich. Am Ende jedoch wird die geplante Absicht zu einem unmittelbaren Wiedererkennen unserer gegenseitigen Beziehungen führen; sie wird nach und nach so in das erwachende Bewußtsein eures Planeten einsickern, daß das Massenbewußtsein sie akzeptieren kann. Den Prozeß schneller voranzutreiben, würde einen Schock des Systems hervorrufen.

So erscheinen wir in euren Augen als multiple Persönlichkeiten? Es scheint fast, als müßtet ihr etwas vorsichtig mit uns sein.

Wir verstehen, daß dieser Begriff in eurer Gesellschaft einen negativen Beigeschmack hat. Wir betrachten euch nicht als negativ oder positiv. Allerdings halten wir euch für gespalten, da ihr keine bewußte Wahrnehmung von den Vorgängen auf anderen Ebenen eures eigenen Bewußtseins habt.

Unsere Persönlichkeiten sind also im Wachzustand gespalten? Sind sie auf anderen Bewußtseinsebenen ebenfalls gespalten?

Die anderen Ebenen eures Bewußtseins sind integrierter. Zur Zeit befindet ihr euch in dem Prozeß, diese anderen Zustände (wie zum Beispiel das Unterbewußtsein) in das Tagesbewußtsein zu integrieren, um vollständigere Wesen zu werden. Deshalb werdet ihr mehr über das Geschehen auf anderen Ebenen der Realität erfahren, als nur das, was ihr über diese Scheinwirklichkeit wißt.

Kommen wir zurück zu den Zusagen auf den anderen Ebenen: Es gibt im Wachzustand unzählige Fälle von durchlebtem Trauma. Wie sieht eure Reaktion aus, wenn so etwas geschieht?

Es ist einfach die Feststellung, daß die Information - das Verständnis - die Grenze zwischen dem Unbewußten und dem Bewußtsein durchbrochen hat und dies der Weg ist, den die bestimmte Persönlichkeit gewählt hat - durch das Trauma. Ihr könnt sagen, daß diese Personen ihre Enthüllungen, ihr Verständnis, tatsächlich während der Massengruppierung eurer Bewußtseine erlangten; am Ende dient diese Art von traumatischem Verständnis dem Ganzen. Es ist, als würde eine Plastikbarriere durchbrochen und der Druck losgelassen, so daß jeder die Befreiung fühlen kann.

Deshalb haben wir weder Nachsehen für eure Erfahrungen noch halten wir euch davon ab. Euer Massenbewußtsein wird bestimmen, wie eure Erlebnisse mit uns verarbeitet werden; und es geschieht in der benötigten Art und Weise. Wir haben über diesen Vorgang keine Kontrolle. Das war unser Wunsch.

Wie wählen die Zeta Reticuli die zur Entführung bestimmten Personen aus? Wie finden sie sie in ihrer jeweiligen Umgebung? In welcher Weise trifft eure oberste Autorität, euer Netzwerk, die Entscheidung?

Auf diese Frage gibt es mehrere Antworten. Die allgemeinübliche Antwort würde lauten, daß sich diejenigen, die dem Massenbewußtsein entstammen, sich für ein Leben als Erdenmensch entscheiden. Nehmen wir solch ein Erdenleben auf, dann beginnen wir es mit dem Gedanken, mit dem Wissen, daß wir zum Zweck der Kontaktaufnahme - als Mensch - mit uns, den Zeta Reticuli, in solch ein Leben gehen. Wir begegnen dann wieder einem Hindernis für Menschen auf eurem Planeten: Es ist die Vorstellung, daß sie das Vorhandensein einer Seele nicht annehmen können, und daß sie das Leben als begrenzt betrachten. Diejenigen, die weiterhin auf diesem Standpunkt beharren, werden ihre intellektuellen Prozesse als sehr schwierig erfahren.

Wenn Individuen unserer Zivilisation in die Existenz auf euren Planeten eintreten, tragen sie ein Schwingungskennzeichen bei sich, das in unserem Computer gespeichert ist. Ihr könnt es als einen Anpeil-Mechanismus bezeichnen. Auf verschiedenen Entwicklungsstufen dieser körperlichen Wesen wird der Anpeil-Mechanismus ausgelöst. Er wird von unseren Massencomputern registriert, und das befähigt uns, die bestimmte Person ausfindig zu machen. Das ist ganz leicht.

Von Zeit zu Zeit erzeugen wir auch einen elektromagnetischen Energiestrahl, der ein Kontaktersuchen darstellt. Die Schwingung innerhalb dieses Strahls wendet sich an die allgegenwärtige Realität (nicht an eure bewußte Sub-Realität) und erbittet Freiwillige, die an unserer Arbeit teilnehmen wollen. Die Wesen, die schwingungsgemäß eine Rückantwort aussenden, werden notiert und katalogisiert. Zum angemessenen Zeitpunkt werden sie gefunden.

Zurück zur Anpeil-Methode: wie wird die ursprüngliche Kennung festgelegt? Wird sie erst implantiert oder erst katalogisiert?

Wir vermerken ihre persönliche Schwingungskennung. Das Schwingungskennzeichen enthält eine Reihe von Anweisungen, und ist eine gewisse Entwicklungsstufe erreicht (die vor der Inkarnation festgelegt wird), dann wird ein Schwall von Signalen in den Äther geschickt, der von uns angepeilt wird.

Aber wie gelangt ihr anfänglich an die Information?

Jedes lebende Wesen besitzt ein persönliches Schwingungskennzeichen. Auch die unbelebte Materie strömt eine Schwingungskennung aus.

Aber wie programmiert ihr anfangs den Computer darauf, diese Signale aufzufangen? Wie trefft ihr die Entscheidung? Wird die Seele auf eurem Raumschiff kodiert, damit ihr sie später aufrufen könnt?

Ja. Um es einfach auszudrücken: es wird zum späteren Gebrauch ein Fingerabdruck genommen.

Dann geht das Signal hinaus, der Computer findet den Fingerabdruck und anschließend nehmt ihr die Beziehung zu der Person auf?

Richtig.

Gibt es andere Wege, Fingerabdrücke von Personen zu nehmen, die nicht eurem Massenbewußtsein entstammen?

Im zweiten Beispiel beschrieben wir euch, wie wir aufs Geratewohl elektromagnetische Strahlen aussenden, um nach Freiwilligen zu suchen. Wenn ein Freiwilliger "seine oder ihre Hand hebt", archivieren wir das persönliche Schwingungskennzeichen - das kann auch aus der Ferne geschehen. Wir vermerken die Position im Raum/Zeitkontinuum. Wir werten das entwicklungsmäßige Alter, die Umstände aus und wenn die Zeit reif ist, besuchen wir die Person. Manchmal kommt es vor, daß wir mit Freiwilligen Kontakt aufnehmen, bei denen sich später herausstellt, daß die genetische Struktur nicht dem entspricht, was wir benötigen. Dann fragen wir, ob sie eine stellvertretende Mutterrolle bei den hybriden Kindern einnehmen oder emotionale Hilfestellung für andere Entführte geben wollen. Sie können uns unzählige Dienste erweisen. Sie müssen nicht unbedingt direkt "Entführte" sein.

Du bezogtest dich nur auf Seelen eures Massenbewußtseins. Wird diese Methode auch bei anderen Seelen angewandt?

Ja, es gibt Seelen aus anderen Zivilisationen - von allen, die ihr euch vorstellen könnt, einschließlich der Erde - die vor ihrer Inkarnation einer wechselseitige Beziehung zustimmen, und so katalogisieren wir sie bereits während ihres energetischen Zustands.

Existiert eine Kommunikationsabfolge, bevor die Inkarnation eintritt? Werden diese Angelegenheiten erörtert?

Nicht in der Weise, wie ihr eine Erörterung versteht. Beschränkt nicht den Sinn von Kommunikation. Begreift, daß Wesen zetischen Ursprungs existieren, die in sehr hochschwingenden Realitäten existieren und fast nichtkörperlich sind. Sie sind die Verständigungsbrücken für die Wesen, die zur Inkarnation bereit stehen.

Laß uns davon ausgehen, daß in der "Computerzentrale" eine bestimmte Schwingungsfrequenz aktiviert wurde. Der Computer signalisiert, daß einer von uns besucht werden kann. Was ist der nächste Schritt?

Der nächste Schritt liegt darin, daß wir uns zunächst selbst in die, wie ihr es nennt, Traumrealität einer Person hineinbegeben. Das gestattet der Person, mit uns eine Beziehung aufzunehmen - in einem archetypischen Sinne. Dies wird mehrere Male wiederholt, bis sich der unbewußte Teil der Person an unsere Energie gewöhnt hat. Daraus entsteht eine direktere Kommunikation, die sich in vielen Formen ausdrücken kann.

Wir haben einen Teil des Szenariums übersprungen. Ich möchte wissen, wie die Zeta Reticuli hierhergelangen, nachdem sie das Signal zur Aufnahme der Kommunikation erhalten haben.

Wir sind bereits hier.

Ihr befindet euch im lokalen Raum?

Ja. Wir halten uns im interdimensionalen Raum auf, und es bedarf lediglich eines Anstoßes, um in eure Realität und euer Zeitkontinuum einzutreten. Wir sind nicht durch Zeit und Raum begrenzt.

Leben diejenigen, die die Entscheidungen treffen, auf einem physischen Schiff?

Das kann man nicht so einfach beantworten. Augenscheinlich sind die Raumschiffe, auf die wir die Entführten bringen, physischer Natur. Wenn ihr über interdimensionale Realitäten sprecht, werden die Begriffe "physisch" und "nichtphysisch" zu Streitpunkten. Wenn sich etwas nicht in eurer Dimension befindet, nennt ihr es nichtphysisch. Das Raumschiff kann sich als äußerst physisch in der anderen Dimension erweisen; es teilt nur nicht den gleichen physischen Raum mit euch.

Woher kommen die Zeta Reticuli, wenn eine Person das erste Mal kontaktiert wird? Wie gelangen sie an den bestimmten Ort?

Sie kommen grundsätzlich von einem Schiff, das sich im interdimensionalen Raum in der Nähe eures Planeten aufhält.

Gibt es irgendwelche Reisen von und nach Zeta Reticuli?

Nein. Wir sind vollkommen autark.

Ich vermute, daß viele der Zetas, die in der Umgebung unseres Planeten leben, niemals auf Zeta Reticuli waren?

Richtig.

Trifft denn der Ausdruck "Zeta Reticuli" überhaupt noch zu?

So nennt *ihr* uns.

Und wie nennt ihr euch selbst?

Ein Volk.

Stellen wir uns die Besatzung auf einem Raumschiff vor. Ein Signal kommt herein. Es erfolgt der Befehl zur Kontaktherstellung über den Computer oder die Kommunikationsvorrichtungen. Beschreibe mir bitte eine typische Situation, in der der erste Kontakt aufgenommen wird - bevor ihr mit dieser Person vertraut werdet.

Von unserem Standpunkt aus gibt es keine Vertrautheit. Hier ein Beispiel. Versteht bitte, daß wir die Erklärung möglichst so vereinfachen, daß ihr uns begreifen könnt. (Das ist nicht als Beleidigung gemeint.)

Sobald ein Signal ausgesandt wird, übersetzt der Computer es, vergleicht die Schwingungskennung mit den bereits katalogisierten und bringt das Schiff automatisch auf den Kurs der Örtlichkeit in Raum und Zeit, aus der das Signal stammt. Wir machen einfach unsere Arbeit und kümmern uns nicht um die Steuerung des Schiffes.

Wieder müssen wir vereinfachen. Habt Nachsicht mit uns! Wir begeben uns dann in die Transportvorrichtung und werden automatisch an den Platz in Raum und Zeit gebracht, an dem diese Person existiert. Ohne Zweifel treffen wir auf das richtige Wesen. Bevor wir ankommen, werden viele Faktoren berücksichtigt.

Du beschreibst eine Art von übermächtigem Computersystem.

Es ist mit unserem Massenbewußtsein verbunden.

Es ist also nicht völlig von eurem Massenbewußtsein getrennt. Ist es mit irgendeinem Computer oder dem Massenbewußtsein auf Zeta Reticuli verbunden?

Die meisten Unternehmungen werden nicht von dem System gesteuert, das ihr Zeta Reticuli nennt. Dort leben noch Restgruppen; die Steuerung erfolgt meistens über unser unermeßlich weites Netzwerk auf den Raumschiffen; denn wir leben (wie ihr es nennt) im Raum. Es gibt keinen Grund für uns, auf unseren Planeten zurückzukehren.

Beabsichtigt ihr, auf irgendeinen Planeten zurückzukehren?

Nicht in unserer gegenwärtigen Form. Dafür gibt es keinen Grund.

Sind eure Gehirne eigentlich Teile dieses riesigen Computers?

Ja. Wir sind durch Harmonien miteinander verbunden, nicht durch Kabel.

Existiert ein zentraler Verarbeitungsbereich?

Es gibt vielfältige Verarbeitungsbereiche. Hier ein grobes Beispiel. Ihr könnt harmonische Frequenzen in euren Köpfen erschaffen. Solange ihr diese Frequenz erzeugt, seid ihr mit der Massen-Einheit verbunden. Ihr könnt die harmonische Frequenz durch den Willen auflösen und damit die Verbindung zum Ganzen. Für uns besteht kein Grund, das zu tun. Im Falle der "Gefangennahme" oder eines "Unfalls" würden wir die Verbindung unterbrechen, so wie im Fall abgestürzter Untertassen. Wir trennen uns selbst nur wohlüberlegt vom Computer.

Warum trennt ihr euch dann ab?

Ein Beispiel: sollte eines eurer Körperteile absterben und völlig nutzlos werden - laßt uns annehmen, es handelt sich um ein Bein - und es wäre immer noch mit dem Körper verbunden, dann würde es sehr viel schwieriger sein, es mit sich herumzuschleppen. Es wäre viel einfacher, die Verbindung zum Bein zu unterbrechen und, wie ihr sagt, die Bürde zu erleichtern.

Verbringen die Besatzungsmitglieder die meiste Zeit ihres Lebens auf den Schiffen?

Ja, es gibt keinen Grund, sie zu verlassen.

Wenn das Signal hereinkommt, um mit jemandem Kontakt aufzunehmen, was sieht, hört und denkt dann ein Mitglied der Besatzung?

Wir werden vom Großcomputer informiert, wann es an der Zeit ist, eine Wechselbeziehung aufzunehmen. Leider können wir euch nicht sagen, daß die Glocken klingen oder eine Bekanntmachung über den Lautsprecher erfolgt. So ist es nicht. Es ist die telepathische Wahrnehmung eines Signals, daß die Zeit reif ist.

Aber irgendwie müssen doch die Signale als nackte Daten durchkommen? Sie müssen sich im Navigationssystem des Schiffes befinden.

Alle Informationen, die wir brauchen, wurden in unsere Gehirne eingespeichert.

Aber ihr habt Bordcomputer? Oder handelt es sich dabei eher um eine Referenz-Vorrichtung, die größeren Zugang zum Massenbewußtsein ermöglicht?

Ihr würdet die Hauptschaltzentrale des Computers organisch nennen. Von dort aus werden nichtorganische Nebenstellen geführt, über die wir in Berührung mit dem Computer kommen.

Berichten von Leuten zufolge, die sich auf euren Schiffen befanden, existieren an Bord viele Kontrollmechanismen, Bildschirme, Leuchtdioden etc. Erscheint irgendetwas auf diesen Bildschirmen?

Einige der Begegnungen, von denen auf eurem Planeten erzählt wird, werden vom Unterbewußtsein ausgeschmückt, um den Sinn der Situation zu erfassen. Einige sind Beispiele einer gröberen Technologie, wie sie manche Mitglieder unserer Rasse besitzen. Deshalb gibt es keine bordgerechte Beschreibung unserer Schiffstechnologie.

Das Schiff erhält also die Daten dieser Person und reist durch Zeit und Raum, um sie aufzufinden. Wenn das Zielge-

biet erreicht ist, hält es dann und schwebt über dem jeweiligen Haus? Signalisiert das Schiff den Insassen, daß es angekommen ist?

Es besteht keine Notwendigkeit, *uns* zu signalisieren, daß wir uns dem Ziel nähern, da wir bereit für die Wechselbeziehung sind. Alles geschieht augenblicklich. Es existiert kein "Auffinden der Person".

Das Schiff bewegt sich also selbst bis zum Anpeil-Signal?

Ja.

Geschieht das zur richtigen Zeit oder entscheidet die Schiffsbesatzung, wann der richtige Zeitpunkt für die Kommunikationsaufnahme gekommen ist?

Die Besatzungen treffen keine bewußten Entscheidungen. Das Massenbewußtsein trifft alle Entscheidungen in Übereinstimmung mit den verfügbaren Daten und wird den Transport exakt zur richtigen Zeit durchführen.

Wenn also eine Person des Nachts entführt werden soll, aber noch wach und vielleicht gerade im Badezimmer ist, wartet die Besatzung dann ab, bis alle Aktivitäten beendet sind? Erscheinen sie einfach, wenn die Person schlafen gegangen ist?

Die Begegnung erfolgt ganz einfach zum richtigen Zeitpunkt. Sie werden automatisch auftauchen, sobald die Person sich im passenden Zustand befindet. Sollten wir jemanden im Bad überraschen, dann soll es so sein. Die Besatzung bestimmt das nicht. Alles entsteht aufgrund der Berechnungen des Massenbewußtsein-Computers.

Interessant! Das ist ein ziemlich überwältigender Gedanke für uns...

Das liegt an eurer individualistischen Natur. Euch scheint es, als hättet ihr eure Kraft an irgendetwas anderes abgegeben.

Ja. Es ist, als besäße das Individuum keine Macht.

Dennoch gibt es keinen Unterschied zwischen unserer und eurer Realität. Ihr erzeugt einfach die Illusion, daß ihr euch *nicht* mit dem Fluß bewegt, daß ihr gegen den Strom schwimmen und bewußte Entscheidungen gegen die Strömung treffen könnt. Aber jede eurer Entscheidungen befindet sich *im* Fluß. Es *ist* die Entscheidung, die ihr treffen *müßt*. Es gibt keinen Unterschied zwischen eurer und unserer Wirklichkeit. Es gibt ihn nur im Wahrnehmungsvermögen.

Wenn ihr Zeitreisende seid, warum reisen die Zeta Reticuli nicht in ihre eigene Zeit zurück, um zu bekommen, was sie benötigen?

Weil nach unserem Verständnis unsere Vergangenheit nichts besitzt, was uns von Nutzen wäre. In der Vergangenheit besaßen wir keine integrierte genetische Version der galaktischen Familie, von der wir beide ein Teil sind. Euer Planet hat alles.

Die genetische "Integration"?

Ja. Und mehr als das.

Aber noch existieren all die genetischen Unstimmigkeiten in eurer Vergangenheit. Wenn ihr es wollt, könnt ihr sie integrieren.

Aber unsere Vergangenheit besitzt nicht die tausende Jahre genetischer Entwicklung, die ihr durchlebt habt.

Es handelt sich also um den genetischen Erlebniswert, den ihr nicht vorweisen könnt?

Richtig. Erlebnisse wirken sich sehr stark auf die Gene aus. Ein Primat lernt zum Beispiel den Gebrauch eines speziellen Werkzeuges; die Nutzung dieses Werkzeugs wurde allmählich von Primat zu Primat entwickelt, bis sie jedem als natürlicher Instinkt zur Verfügung steht. So kann eine Erfahrung die Gene beeinflussen.

Die Vergangenheit der Zeta Reticuli weist nicht den gleichen Erfahrungswert auf wie die menschliche Rasse. Die Gene, die ihr besitzt, entsprechen einer fortgeschritteneren Version unserer Basisgene. Würden wir an genetisches Material aus unserer Vergangenheit gelangen, dann wäre es nur eine primitivere Version unserer jetzigen Genetik.

Gibt es denn keine anderen Gesellschaften da draußen, die das zu bieten haben, was wir besitzen?

Verschiedene Gesellschaften wurden getestet; ihre genetische Basis unterscheidet sich jedoch verhältnismäßig von der euren. Eure genetische Grundstruktur in Kombination mit eurer soziologischen Entwicklung machte euch zum Kandidaten Nummer Eins.

Wie bringen die Zeta Reticuli die entführten Menschen denn tatsächlich an Bord ihrer Schiffe?

Manche der Erlebnisse werden durch das energetische Feld des Massenbewußtseins erzeugt, sogar bevor wir erscheinen. Dieses Feld ruft im Menschen einen veränderten Bewußtseinszustand hervor. Sobald wir da sind, immobilisieren wir gewöhnlich die Person durch etwas, was ihr Paralyse nennt. Das geschieht nur, damit die Menschen sich selbst körperlich nicht verletzen.

Der Transportvorgang kann sich auf mehrere unterschiedliche Weisen abspielen. Eine Möglichkeit liegt in der Änderung der molekularen Schwingung vom festen zum energetischen Zustand; durch eine Verschiebung im Raumkontinuum gelangen dann die Personen auf unser Raumschiff. Dann werden sie wieder zur Materie. Eine andere Transportmethode kehrt die Polarität eurer Körper in Beziehung zum Erdgravitationsfeld um; auf diese Weise können wir euch physisch auf eines unserer wartenden Schiffe geleiten; es ist, als zögen wir einen Ballon an seiner Strippe. Die Berichte von Menschen, die durch Wände und geschlossene Türen gehen, entsprechen nichts anderem, als einer Veränderung der menschlichen, molekularen Schwingung, die stark genug ist, um die Körperdichte herabzusetzen, so daß der Mensch solide Objekte durchdringen kann. Es ist wirklich eine sehr einfache Prozedur. Es ist unsere Absicht, dies durchzuführen, während die Person sich in einem unbewußten Zustand befindet, damit wir sie nicht über Gebühr ängstigen. Einige Menschen jedoch bewahren sich die Erinnerung an diesen Transport.

Habt ihr jemals versucht, eine Person an Bord einzuladen, während sie sich im Wachzustand befand?

Wir haben einige Kontakte, die sich an alles erinnern und bewußt als Freiwillige dienen. Doch wir können mit euch im bewußten Zustand nicht kommunizieren. Es ist, als besäßet ihr eine Hundepfeife, die nur Hunde hören können. Unser Wirklichkeitszustand ist so anders, daß euer bewußter Verstand uns nicht hören kann, wenn wir "auf der Pfeife blasen". Deshalb könnt ihr uns nur in veränderten Bewußtseinszuständen hören. Manchmal jedoch schwankt das Muster eurer Gehirnwellen, dann könnt ihr uns sehr kurz während eures Wachzustandes wahrnehmen.

Was ist mit den Sonden, die implantiert werden? Beschreibe bitte die verschiedenen Ausführungen und ihren Zweck.

Die allgemein übliche Sonde ist organischer Natur und wird ins Gehirn eingesetzt. Sie kann durch die Nasennebenhöhlen, die Ohren oder Augen implantiert werden. Sie wird zur Sammlung und Archivierung neurologischer Daten eingeführt. Dies ist eine große Hilfe für unser genetisches Verständnis, denn es ermöglicht uns, den Hybriden ein ausgewogenes neurochemisches Make-up zu verpassen. Diese Sonden werden den Menschen eingesetzt und verbleiben dort eine gewisse Zeit. Später werden sie entfernt, um die Daten zu katalogisieren. Die Sonde ist kein Gegenstand, der Schmerzen verursacht und dessen sich die Menschen bewußt sind. Obwohl sie organischer Natur ist, besteht sie aus verdichteter, plasmischer Lichtenergie. Sie kann durch die Kraft des Willens aufgelöst werden, wenn die Möglichkeit einer Entdeckung besteht.

Es existiert eine weitere Sonde, die viele Leute beunruhigt und vor der sie sich fürchten. Sie untersucht die Analregion des Menschen für vielerlei Zwecke. Nach unserem Verständnis haben die Menschen es gerne so komfortabel wie möglich, und wir begreifen, daß manchmal während traumatischer Erfahrungen die Kontrolle über die Funktion des Darmes verloren geht. Dieser Prozeß reinigt den Dickdarm, damit nichts dieser Art wieder auftritt. Die Ausscheidungen versorgen uns auch mit Informationen über das menschliche Verdauungssystem. Ebenfalls können wir Sekretionen des Mannes aus der Prostata durch diese Sonde extrahieren.

Manche Leute berichten von schmerzvollen Irritationen in Bereichen, die ihr berührt habt. Kannst du darüber sprechen?

Die Irritationen haben nicht immer direkt etwas mit der Implantation dieser Sonden zu tun, sondern mit dem Erinnerungsverlust. Wenn jemand zum Beispiel Nasenbluten hat, dann ist es ein Anzeichen, daß die Erinnerung versucht, durchzubrechen. Der Körper bringt das Trauma hervor, dem es ausgesetzt war. Das Trauma wird wiederbelebt, um das Erinnerungsvermögen auszulösen. Dies ist eine allgemeine psychologische Reaktion, die wir bei Menschen bemerkten. Sie ist ebenso auf alle unterdrückten traumatischen Erfahrungen anwendbar, durch die die Menschen während ihrer Kindheit gehen. Diese spontanen, schmerzvollen Erlebnisse entsprechen lediglich eurem eigenen gesunden, psychologischen Prozeß, um euch Informationen zugänglich zu machen.

Befindet sich irgendeine organische oder unorganische Substanz auf den Apparaturen, die ihr berührt und den Menschen einpflanzt? Ist es möglich, daß ein Mensch darauf allergisch reagiert?

Unsere Umgebung ist vollkommen steril. Was du beschreibst, ist bei uns nicht möglich.

Also fallen eventuelle Hautausschläge und Entzündungen, die durch das Einschieben und Einstechen der Sonden entstehen, unter deine eben abgegebene Erklärung?

Ja. Aber es gibt Gruppen, die leicht ungeschickt bei ihren Experimenten vorgehen, und manchmal dem Menschen Unbehagen bescheren. Wir würden sagen, daß in etwa 80 Prozent aller Fälle lediglich eine Reaktion des Körpers vorliegt, um durch Auslösung des physischen Traumas die Wiederherstellung des Erinnerungsvermögens zu erreichen.

Wie wird die Paralyse während der Untersuchung oder mit der Implantation einer Sonde erreicht?

Bestimmte Gebiete des Gehirns werden einer elektrischen Ladung ausgesetzt, die die Paralyse im Menschen hervorruft. Es ist völlig harmlos und dient dem Körper tatsächlich auf eine positive Weise - es ist wie eine Verjüngung.

Wie wird das durchgeführt?

Manchmal erzeugt unser Massenbewußtsein-Computer vor der Landung die elektrische Frequenz. Ein anderes Mal lösen wir die Paralyse mit einer langen, dünnen, nadelähnlichen Apparatur aus.

Dringt ihr damit in das Gehirn ein?

Nein, es fühlt sich zwar so an, aber in Wirklichkeit wird dieses Gefühl durch den elektrischen Strom ausgelöst.

Worin liegt die Bedeutung der emotionalen Visionen, die bei Entführten während einer Begegnung mit euch auftreten? Einige sahen zum Beispiel einen nuklearen Holocaust. Sie sahen ihren eigenen Tod oder andere Visionen, die starke Emotionen auslösten.

Unglücklicherweise ist der Eindruck entstanden, daß wir den Menschen prophetische Visionen vermitteln. Das ist nicht der Fall. Nach der Einführung der Sonde ins Gehirn ist es sehr wichtig, die neurochemischen Daten einzusammeln, die wir durch Stimuli im Menschen erzeugen. Diese Stimuli regen das Gehirn zur Absonderung von Chemikalien ab, die wir später untersuchen. Solche traumatischen Visionen wie der Holocaust oder der Tod sind lediglich holographische Szenarien, produziert im menschlichen Gehirn - wie real sie auch erscheinen mögen-, um zu reagieren und die Chemikalien abzusondern, die wir zu studieren wünschen.

Laßt uns eins klarstellen: obgleich dieser Vorgang eine sehr grausame Art von Folter zu sein scheint, *sind wir doch der Auffassung,* daß wir den Menschen einen Weg ebnen, sich ihren tiefsten Ängsten zu stellen; er wird ihnen die Transzendenz auf eine andere Evolutionsstufe ermög*lichen.* Wir glauben nicht, daß wir als nächtliche Eindringlinge von außerhalb eurer Welt kommen. Wir glauben, daß wir Besucher aus eurer *inneren* Welt sind, die eine Ko-Evolution für unsere beiden Rassen fördern.

Verlorene Erinnerung mit Zeitverlust... schützt das Ego auch vor einem Trauma?

Es gibt Zeiten, in denen wir wohlbedacht den Erinnerungsverlust herbeiführen bei den Menschen, mit denen wir arbeiten. Das geschieht lediglich, weil wir nach unserer Bewertung des psychologischen Zustandes dieser Person davon überzeugt sind, daß die bewußte Erinnerung an dieses Erlebnis dem Menschen zu dieser Zeit nicht förderlich ist. Es ist häufig üblich, *keinen* Erinnerungsverlust hervorzurufen. Die natürlichen psychologischen Funktionen werden die Führung im Menschen übernehmen und entweder eine verschleierte Erinnerung hervorrufen oder den Zugang zum Erlebnis vollständig blockieren. Versteht bitte, daß die meisten Erlebnisse in veränderten Bewußtseinszuständen stattfinden. Da die Erfahrung nicht bewußt erlebt wird, wird sie wie ein Traum empfunden, und es ist daher für den Abwehrmechanismus leichter, das Erinnerungssystem zu blockieren.

Wie können die Zeta Reticuli Zeitreisen bei ihren Experimenten und bei ihren Aufzuchtsprogrammen anwenden?

Wir versuchten bereits, darauf eine Antwort zu geben, und wir verstehen, daß es sehr schwierig ist, diesen Vorgang mit linearen Gedanken nachzuvollziehen. Stellt euch eine einzelne Linie und einen Punkt darüber vor; wir leben auf dem Punkt und ihr auf der Linie. Von diesem Punkt aus können wir jede Stelle auf der Linie erreichen. Wir können sowohl in die Zukunft als auch in die Vergangenheit reisen. Wir entdeckten eure Rasse von unserer Position innerhalb des Punktes aus. Das geschah, nachdem wir uns für die Beobachtung und Beziehungsaufnahme entschieden hatten. Von diesem Punkt aus projizierten wir uns gleichzeitig in fast jedes Segment der Zeitlinie, auf der ihr existiert.

Ich spreche zu euch von einer bestimmten Stufe unserer Experimente aus; es gibt andere, die gleichzeitig in anderen Zeitrahmen existieren. Unserer Ansicht nach erleben wir die massivste Wechselbeziehung zur Menschheit während der Jahre 1935 bis ungefähr 2020 - plus/minus 5 bis 10 Jahre. Wir sind also nicht durch das Fortschreiten *eurer* Zeit begrenzt.

Rühren einige der Verwirrungen daher? Wir haben doch keine große Wahl, außer der, unsere Erlebnisse anhand des linearen Zeitmodels zu interpretieren.

Ja. Unsere Realität ist im extremsten Sinne nicht linear. Im gleichen Fall stellt sich eure Wirklichkeit als äußerst linear dar. Die Ähnlichkeit zwischen unseren Realitäten ist wie die zwischen Äpfel und Orangen.

Wird aufgrund unserer beiden verschiedenartigen Realitäten vieles in unserer gegenseitigen Beziehung mißverstanden?

Ja.

Deswegen stimmt das, von dem wir glauben, daß es stattgefunden hat, nicht notwendigerweise mit dem überein, von dem ihr glaubt, daß es stattgefunden hat.

Richtig.

Hinsichtlich unseres Wunsches, die Erlebnisse tiefer zu verstehen, stelltet ihr euch als Besucher aus dem Inneren dar. Könnt ihr das erklären, damit wir unsere Beziehung zu euch besser begreifen?

Wiedereinmal müssen wir über die Metaphysik des Universums sprechen. Die Realität ist eine Schöpfung von Innen heraus. Obgleich ihr durch euer Teleskop Sterne und entfernte Galaxien betrachten könnt; erblickt ihr in Wirklichkeit einen Teil eurer eigenen äußersten Mauern. Alles, was ihr seht, ist *eure* eigene Reflexion. Alles, was euch widerfährt, ist die Reflexion einer *eurer* Aspekte. Wir sind Besucher, die bei Nacht kommen, da ihr bisher unfähig seid, uns offen bei Tag anzunehmen. Wir sind immer noch eine furchterregende Erfahrung und ein schrecklicher Gedanke für euch. Zur Zeit können wir mit euch nur auf diesen archetypischen, unterbewußten Ebenen existieren. Ihr kreiert uns auf veränderten Bewußtseinsebenen; bis jetzt streitet ihr in eurem bewußten Zustand der Realität über unsere Existenz. Aber im veränderten Zustand kennt ihr die Wahrheit. **Wir sind Besucher von Innen.** Wir führen unser Leben und unsere Existenz getrennt von euch. Aber wir existieren *innerhalb* eures Bewußtseins, so wie ihr in unserem.

Sind wir dann für euch Besucher aus eurem Innern?

Ja. Ihr fördert ebenfalls von Inneren heraus unsere Entwicklung. Ihr erlaubt es uns, *unseren* tiefsten Ängsten entgegenzutreten - Ängste, von deren Existenz wir gerade erst erfahren haben. Ko-Evolution.

Menschen weisen innerhalb ihrer Kraft die Fähigkeit auf, uns aus den tiefen Schatten der Nacht in das Tageslicht eures wachen, bewußten Selbst zu geleiten. Es ist eure Wahl. Vorausgesetzt, ihr stürzt euch in das Unbekannte und in alles, was ihr fürchtet. Seid ihr dazu bereit, dann werdet ihr feststellen, daß eure Angst nur eine Illusion ist. Aber ihr werdet es niemals wissen, solange ihr es nicht versucht!

5. Hybriden und ihre Erschaffung

"... Wir beginnen da, wo eure Vorväter aufgehört haben. Wir fördern den evolutionären Sprung einer anderen Spezies, den der menschlichen Rasse - zum gegenseitigen Nutzen, dem euren und dem unsrigen.
Harone

Etwas geschieht tatsächlich. Die Angaben von Entführten sind manchmal recht haarsträubend. Manche berichten über die Entnahme von Spermien und Eizellen, andere über Schwangerschaften und deren plötzliche Beendigung ohne Anzeichen einer vorausgegangenen Schwangerschaft. Einige der merkwürdigsten Geschichten ranken um Gen-Laboratorien, wo halbmenschliche Kleinkinder ums Überleben kämpfen. Eines jedoch ist sicher: diese Berichte aus ganz Amerika, Europa, Japan, Südamerika, Australien und anderen Ländern dieser Erde stimmen im Detail und emotionaler Würze überein.

Sollte dies kein aktuelles physisches Phänomen sein, dann geschieht etwas mit der Kollektivseele der Menschheit. Dieses Phänomen kann nicht länger ignoriert werden. Es ist an der Zeit, sich Hals über Kopf in die Tiefen dieser schwarzen, glänzenden Augen zu stürzen.

Dieses Kapitel gibt ein Gespräch mit Harone wieder, dem Projektleiter einiger genetischer Projekte. Er antwortet auf einige der häufigsten Fragen zur Erschaffung der Hybriden und geht auf ihre offensichtliche Verzweiflung ein, eine neue Rasse schaffen zu müssen. Es gibt noch vielmehr zu entdekken, aber vielleicht lösen diese Informationen ein tieferes Verständnis bei den Personen aus, die täglich mit diesen Fragen ringen.

***

Laß uns über die ätherischen und physischen Aspekte deiner genetischen Arbeit sprechen.

Harone: Der ätherische und der physische Aspekt sind für uns gleichwertig. Da ihr auf eurer Welt nur die physischen Bereiche zur Kenntnis nehmt, versteht ihr auch nur den halben Schöpfungsprozeß. Deshalb wollen wir euch unsere Arbeitsweisen auf den ätherischen und physischen Ebenen erklären.

Wir beginnen mit dem ätherischen Bereich. Eure Wissenschaftler haben Atome entdeckt und die Bestandteile, die sie zu Atomen machen - Protonen, Elektronen und Neutronen. Eure Wissenschaft entdeckt erst jetzt noch winzigere Partikel. Es gibt aber noch kleinere Realitätseinheiten im Bereich der Elektronen, die große Beachtung finden. Unsere ätherische Arbeit wird im meta-atomaren Bereich geleistet. Dieser Bereich übersteigt die Stufe, die ihr mit euren allerfeinsten Präzisionsgeräten sehen könnt. Es ist eine Sphäre, die außerhalb der physikalischen Dimension liegt, und ihr existiert gleichzeitig in diesen beiden Bereichen. Die Basis, um auf dieser Ebene zu wirken, ist das Lichtplasma in der Natur. Lichtplasma wird auf verschiedenen Gebieten hervorgerufen, um spezifische Kodierungen oder eine Sprache zu schaffen. Der physische Stoff, der an dieses nichtphysische Stadium angrenzt, bildet sich in Übereinstimmung mit der aufgebauten Licht-Plasma-Sprache.

Unsere genetische Arbeit zur Erschaffung von Hybriden beginnt an der Basis, welche für uns die meta-atomaren Ebenen sind. Wir schaffen eine Schablone, um die sich schließlich physisches Leben aufbauen wird. Die Chromosomen, DNA, RNA - ihr bezeichnet sie als genetische Struktur - sind die kleinsten genetischen Schlüssel, die ihr bisher entziffern könnt. Aber jenseits davon liegt eine andere Welt. Und in dieser Welt beginnt unsere Arbeit.

Wir beginnen damit, daß wir der Schablone eine Rüstung anlegen, die für alle Lebensformen in der Realität, die wir mit euch teilen, besteht. Diese Schablone hat eine dreigliedrige Struktur, die eine Polarität darstellt, ihr Gegenstück und die Integration oder das Zusammenfügen beider. Leben entsteht durch die Schablone, welche in der Realität, die wir mit euch teilen, vorhanden ist. Wir beginnen mit der dreigliedrigen Schablone.

In die energetische Dynamik dieser Schablone schicken wir dann plasmische Lichtenergie mit der darin verschlüsselten Sprache, und zwar in die fundamentalsten Ebenen. Es ist schwierig zu beschreiben, was diese Sprache "sagt", denn sie existiert nicht in eurer stofflichen Realität. Ihre Komponenten weisen den Stoff an, die Körperstrukturen zu bilden. Die Sprache wirkt zuerst in den nichtstofflichen und dann in den stofflichen Bereichen. Arbeit auf der ätherischen Ebene kann mit dem Aufbau von Blöcken verglichen werden. Ausgehend von der Basis weist die plasmische Lichtsprache den physischen Stoff an, sich gemäß dieser ätherischen Schablonen zu formieren. Wir beginnen immer mit dieser dreigliedrigen Schablone. Wir haben an vielen verschiedenen Hybriden-Linien gearbeitet, um die geeignetsten zu finden und verändern die Licht-Plasma-Sprache, die der dreigliedrigen Schablone anhaftet, um die vollkommenste uns nützliche Körperstruktur zu finden.

Wie schafft ihr bei eurer Arbeit die Verbindung vom Ätherischen zum Physischen?

Stofflichkeit ist immer mit Nichtstofflichkeit verbunden. Daher wird alles, was auf den nichtstofflichen Ebenen geschieht, die physischen Bereiche beeinflussen. Es kann eine Zeitspanne liegen zwischen der nichtstofflichen Tätigkeit und deren physischer Manifestation, aber das hat lediglich mit der Idee des Wachstums aus der Nichtstofflichkeit zur Stofflichkeit zu tun. Stoff ist Stoff, denn der energetische Zustand hat sich genügend zusammengezogen, um ein verdichtetes Feld zu bilden. Wird der Schablone genügend Licht-Plasma-Energie zugeführt, dann verdichtet sie sich und tritt im physischen Bereich in Erscheinung. Das ist die Verbindung.

Kannst du jetzt über die physischen Aspekte eurer Arbeit sprechen?

Eure Wissenschaftler nehmen vielleicht an, daß die physischen Aspekte leichter zu manipulieren sind. Besitzen wir erst einmal das, was ihr einen Fötus nennt, dann können wir seine biochemische Entwicklung überwachen und leiten, so daß er die richtige Mischung und das richtige Verhältnis der benötigten Chemikalien erhält, um sich zu dem erwünschten Wesenstyp zu entwickeln.

Die genetische Arbeit an der Physis wird während des ganzen Lebens des Hybriden beibehalten, da wir die Linie noch nicht vervollkommnet haben. Wir müssen so lange daran arbeiten, bis wir die erwünschte Perfektion erhalten. Dies wird erreicht durch Experimente auf dem Gebiet der Neurochemie, der Nebennieren-Chemikalien und der chemischen Grundfunktionen im Körper. Sie wird ebenfalls durch verschiedene Licht- und Tonfrequenzen erreicht, die auf den sich entwikkelnden Fötus gerichtet sind. Diese geben ihm die vibrationsmäßige Kennzeichnung, die er für eine Entwicklung nach unseren Plänen benötigt. Die ätherische Ebene ist die grundlegendste Stufe und fördert dennoch das Gestalten der stofflichen Ebene.

Wie werden die hybriden Föten der menschlichen Wirtsmutter entnommen?

Wie bekannt, werden die Föten entweder implantiert oder auf natürliche Weise empfangen. Erst später wird an ihnen genetisch gearbeitet. Irgendwann zwischen einem bis zu vier Monaten (normalerweise nicht später) müssen sie die menschliche embryonale Umgebung verlassen, damit an ihnen die nächste Stufe durchgeführt werden kann. Die

Methode der Entnahme hängt natürlich von der individuellen Zeta Gruppe ab. Wir haben verschiedene Möglichkeiten. Bei der gebräuchlichsten Art verändert ein "Chirurg" die Molekularstruktur der Wirtsmutter vibrationsmäßig, so daß sie weniger stofflich ist. Der Chirurg kann dann seine Hände in den Uterus einführen und das Kind ohne Narben oder Blut entnehmen. Ihr bezeichnet dies als psychische Operation.

Es gibt andere hochentwickelte Methoden für die Entnahme durch den vaginalen Trakt. Sie sind schmerzlos und hinterlassen keine Narben, so daß nachträglich keine Schwangerschaft nachgewiesen werden kann. Dieses sind die beiden Hauptmethoden.

Hinterbleiben manchmal Schnitte, wenn sie operativ entnommen werden?

Nur die weniger gewandten Forscher werden Föten durch Operationen entnehmen. Aber das ist äußerst ungewöhnlich. Selbst bei Entnahme durch operative Maßnahmen verbleiben keine Schnitte. Die Haut wird mit Laser verschlossen. Wenn nachweisbare Spuren verbleiben, dann sind sie sehr fein.

Gibt es weitere Methoden?

Es gibt noch eine nicht sehr häufig angewandte Methode. Hierbei wird der Fötus in ein anderes Vibrationskontinuum gebracht. Der Raum dieses Vibrationskontinuum wird verändert, so daß der Fötus einen Moment im Uterus ist und im nächsten in unserem Laboratorium. Diese Methode wird häufig für diagnostische Check-ups benutzt, und manchmal wird der Fötus wieder in die Wirtsmutter implantiert.

Wie werden irdische Männer bei den Experimenten mit Hybriden herangezogen?

Irdische Männer spielen eine andere Rolle als Frauen, da sie keinen Wirt für Embryonen abgeben. Aber sie liefern uns lebenswichtige genetische Proben (wie Spermien), die in unseren Laboratorien verändert und für weitere Befruchtungen genutzt werden. Auch wird der Prostatadrüse eine Substanz entnommen, die uns hilft zu verstehen, wie wir unsere reproduktiven Fähigkeiten wiedererlangen können. Die Forschung ist weit davon entfernt, abgeschlossen zu sein, und wir erkennen den Wert einiger dieser den Männern entnommenen Substanzen an.

Irdische Männer werden ebenso als Beistand für Frauen benutzt. Oft (aber nicht immer), wenn eine Frau der Hauptgegenstand des Interesses ist, dann ist es in zweiter Linie auch der Ehemann. Der Ehepartner wird seiner Frau nicht nur im physischen Wachbewußtsein beistehen, sondern auch während unserer Begegnungen im veränderten Bewußtseinszustand. Wir haben herausgefunden, daß der Mann als Beistand von großem Nutzen ist.

Die neurochemischen Daten für Männer und Frauen sind unterschiedlich, und unsere Arbeit mit den Männern hilft uns, die Unterschiede zwischen Mann und Frau zu verstehen. Das wird uns bei der Erschaffung von dauerhaften hybriden Wesen zugute kommen.

Berichte etwas über die erfolgreichen und nicht erfolgreichen Hybriden-Gattungen.

In eurem gegenwärtigen Zeitkontinuum, in dem wir zu euch sprechen, ist es uns nicht gelungen, die dauerhafte hybride Gattung zu erschaffen, nach der wir suchen. Aber wir haben große Fortschritte gemacht. Die nicht dauerhaften Linien haben vor allem nicht funktionierende Immunsysteme, was von der Verschiedenheit der schwingungsmäßigen Realität herrührt, die zwischen der Erdsphäre besteht und den Reichen, in denen wir existieren. Die Hybriden benötigen noch Immunsysteme - andere Arten von Immunsystemen -, und wir haben nicht genügend Daten oder das Wissen, sie mit diesen Immunsystemen auszurüsten. Oft sehen sie recht kränklich aus und leben nicht lange.

Es gab auch eine Linie, deren Entwicklung etwa drei bis fünf Jahre dauerte, bevor der Körper regelmäßig zu zerfallen begann. Diese spezielle Linie, so entdeckten wir, war außerstande, Nährstoffe zu verarbeiten, von denen wir glaubten, sie würden von ihren Körpern absorbiert. Man könnte also sagen, daß ihr Hinscheiden durch Aushungern ausgelöst wurde. Hatte die Auflösung einmal begonnen, dann schritt sie fort, bis der ganze Körper verloren war. Dies geschah mit großer Geschwindigkeit.

Wir hatten Schwierigkeiten mit dem Verarbeiten von Toxinen und der Einnahme von Nährmitteln über die Haut. Wir haben keine Hautbedeckung schaffen können, die eine gesunde Kombination unserer und eurer Rasse ist. Das ist etwas, an dem wir noch arbeiten.

Wir hatten Probleme mit den Hormonen der Hirnanhangsdrüse und der Wachstumsregulation. Es gab Hybriden, deren Körper viel schneller wuchsen als es gesund gewesen wäre für ihren Körper. Wir hatten Linien von Hybriden, die sehr langsam vom Kind zum Erwachsenen heranwuchsen und bei denen durch das verlangsamte Wachstum eine Art von Auflösung hervorgerufen wurde. Es war kein einfacher Schöpfungsprozeß, aber es sind fortwährend lebenswichtige Daten gesammelt worden.

Was meinst du, wenn du über Schwierigkeiten mit dem Immunsystem sprichst? In euren Laboratorien schwirren sicherlich nicht viele biologische Organismen umher?

Stimmt. Wenn wir in unseren Realitäten von Schwierigkeiten mit dem Immunsystem sprechen, dann meinen wir des Körpers Fähigkeit, schädliche kosmische Strahlung abzuschirmen. So funktioniert auf unserer Existenzebene das Immunsystem. Ihr als Teil eines planetarischen Ökosystems habt eine natürliche Fähigkeit, das ultraviolette Licht zu nutzen und euch an spezifische Strahlung, der ihr von der Sonne her ausgesetzt seid, zu gewöhnen. Dieses ist auf eine Entwicklung von Millionen von Jahren zurückzuführen. Diese Hybriden haben keine Millionen Jahre, um sich anzupassen, und so gibt es Prüfungen und Fehlschläge.

Einige der nicht erfolgreichen Hybriden-Linien zeigten Symptome von Strahlungskrankheiten - Haarverlust, Unfähigkeit, Nahrung zu verarbeiten, Appetitsverlust, generelle Schwäche und Unwohlsein.

Und was ist mit den erfolgreichen Linien?
Bei einigen der hybriden Wesen erschufen wir erfolgreich rudimentäre reproduktive Trakte. Gegenwärtig hat nur eine dieser Hybriden empfangen und ein lebendes Kind geboren. Es gab etliche Totgeburten - eigentlich recht viele. Aber unserer Meinung nach überwiegen die Erfolge, denn die Schaffung von reproduktiven Trakten ist recht erfolgreich gewesen.

Erfolglos waren wir bisher in der Erschaffung eines vollkommenen emotionalen Ausdrucksystems, obgleich wir Erfolge mit einigen neurochemischen Daten, die wir von euch erhielten, aufweisen können. Einige der Hybriden konnten dadurch Gefühle entwickeln wie Freude und Enthusiasmus, andere wiederum Gelächter und Mitgefühl.

Gab es negative Emotionen?
Noch nicht.

Einsamkeit? Sie sind ja sozusagen einzigartige Wesen.
Wir würden sagen, daß das Gefühl der Einsamkeit sich in Mitgefühl wandelt, denn ein Hybride würde keine Einsamkeit für sich, sondern Mitgefühl für einen anderen empfinden. Sie haben noch nicht die Fähigkeit entwickelt, selbst einsam zu sein, denn dies gehört in den Bereich der Individualität.

Welches war die Ursache für das Gelächter?
Kontakte mit Menschen, die den Hybriden menschliches Verhalten - Spiel, Gelächter - beibrachten. So etwas findet in der Begegnung mit Menschen statt, die sich in einem anderen Bewußtseinszustand befinden. Es ist nicht die Regel, hat aber stattgefunden.

Was kannst du uns über die Essassani Spezies - die Hybriden-Spezies berichten?

Hier wird es kompliziert. Laßt uns euch den Hintergrund erhellen. Die Essassani Spezies existiert in der gegenwärtigen Zeit, die wir jetzt mit euch als Mitglieder der Vereinigung der Welten teilen. Sie sind bekannt als die Zivilisation, die sich aus unserer Arbeit mit den Hybriden entwickelt hat. In *unserer realen Zeit* jedoch, sind sie noch nicht erschaffen. Der Schlüssel für ihre Schöpfung ist von uns noch nicht völlig verstanden worden; denn sonst würden wir sie schon geschaffen haben. Aber wir wissen (und sie sagen es uns), daß wir sie, wenn wir in unserer Arbeit fortfahren, erschaffen werden. Es geschieht durch eure und unsere Vermählung. Das sind die einzigen Hinweise, die wir von ihnen erhalten.

Du selbst warst schon in der Gegenwart eines Essassani. Wie war es? Verwirrend?

Es war eigenartig, aber nicht verwirrend. Es war eine Quelle großer Merkwürdigkeit. Mit euren Worten, wir hätten sie gern unter einem Mikroskop auseinandergenommen, aber wir wissen, daß dies kein Teil der Vereinbarung ist; es wäre eine Abkürzung. Aber wir müssen diesen Prozeß vollenden. Keiner von ihnen würde volontieren.

Hast du gefragt?

Ja.

Wenn sie zustimmten, würde dann nicht an dem Muster weitergewebt werden?

Ja, und es ist nicht unlogisch, daß vielleicht irgendwann einmal in der Zukunft einer von ihnen zustimmen wird. Es wird dann ihr Weg sein, ihre eigene Schöpfung zu sichern. Zumindest hat jetzt noch keiner volontiert. Wir vermuten, daß eure und unsere Zivilisation jetzt einander nötig haben. Das Ausmaß dieses gegenseitigen Nutzens wird jetzt weder von uns noch von euch verstanden. Aber sobald wir einander nicht mehr benötigen, wird vielleicht ein Essassani volontieren, und wir werden den Schlüssel für ihre Schöpfung erhalten.

Wir wissen, daß die Zeta Reticuli unsere DNA nehmen. Tun sie uns auch etwas an?

Die Fragestellung läßt vermuten, daß du nichts mit diesen Dingen zu tun hast, aber grundsätzlich würden wir das verneinen. Es ist eine Zusammenarbeit zwischen unseren beiden Rassen. Außerdem fördern wir etwas in euch, das als Höhepunkt eines sehr alten Übereinkommens bezeichnet werden kann.

Die genetische Arbeit an eurer Spezies begann auf einer primitiveren Stufe vor über einer Million Jahre eurer Erdenzeit. Sie wurde nicht an einem Stück durchgeführt, sondern für tausende von Jahren ruhen gelassen. Die letzte Phase der Vertiefung fand auf eurem Planeten kurz vor eurer Entwicklungsperiode vom Primaten zum Homo sapiens statt. Zu jener Zeit führten nicht die Zeta Reticuli dieses Projekt aus, aber gegenwärtig nehmen wir die Arbeit da auf, wo eure Vorväter sie beendeten. Wir fördern den evolutionären Sprung einer anderen Spezies, den der menschlichen Rasse - zu eurem und unserem Nutzen. Wir erkennen euren sehr wertvollen Einfluß in der galaktischen Familie an und sind uns bewußt, daß eure Entwicklung allen nützlich sein wird. Wir wissen ebenfalls, daß ihr, als Seelen, diesem vor Millionen von Jahren zugestimmt habt.

Uns ist bekannt, daß Wissenschaftler und Forscher auf eurem Planeten, die durch Erfahrung Einsicht in das "Entführungs"-phänomen bekommen haben, das Schlüsselelement der Seele nicht mit einbeziehen wollen. Innerlich - oder auf der Massenbewußtseinsebene - weiß ein Teil von euch genau, was vor sich geht. Dieser Teil kann nicht unbeachtet bleiben, denn sonst würde die Gleichung nicht aufgehen.

Die übliche Frage lautet: Was tun wir? Wir sprachen über die Licht-Plasma-Sprache, die wir in den meta-atomaren Bereichen einsetzen. Dies ist einer der Wege, auf dem wir euch helfen, den Sprung einer Spezies zu unterstützen. Durch die Teilnahme an Experimenten gebt ihr uns etwas. Aber wir geben euch ebenfalls etwas, und das sind weitere Kodierungen und weitere Anregungen auf dem Gebiet der Licht-Plasma-Sprache. Dies geschieht buchstäblich mit tausenden von Menschen auf eurem Planeten. Wenn eine entscheidende Anzahl erreicht ist, dann erfolgt der Sprung der Spezies mit Nachdruck.

Welche Art von Kodierungen? Kannst du die hier dargelegten Ideen näher erläutern?

Ideen spiegeln hauptsächlich die Ansicht wieder, d. h. eure Sicht war von Anfang an getrübt. Ihr habt euch bisher als Wesen betrachtet, deren Blickfeld nicht über ihr Land oder ihre Familie hinausging. Jetzt (in den letzten vierzig Jahren) habt ihr eure Sicht zu einer globalen Sicht erweitert und erkannt, daß ihr nicht nur Staatsbürger eines Landes seid, sondern Bürger einer weltumspannenden Zivilisation.

Die Kodierung, die wir hauptsächlich in euch auslösen, ist die Erkenntnis, daß ihr Teil eines galaktischen Ökosystems seid, ein funktionierender Teil des Ganzen. Es ist ein Code, der eure Sicht erweitert und euch vor Augen hält, daß einige der von euch in den letzten tausenden von Jahren geschaffenen Strukturen euch nicht länger nützen, und daß ihr eure Strukturen der neue Sichtweise anpassen müßt.

Mit dem Wort Sicht schließen wir ebenfalls die metaphysische Vorstellung ein, die ihr in eurer Realität schafft. Eure beschränkte Sicht hat ein begrenztes Potential geschaffen. Es ist nun an der Zeit, das unbegrenzte Potential freizusetzen; und das unbegrenzte Potential wird der Erweiterung eures Blickfeldes entsprechen. Wir betrachten die Arbeit mit euch als *galaktische Evolution*, und da ihr bisher nur die planetarische Evolution als Spezies erfahren habt, ergibt sich für euch ein neuer Spielraum. Aber es gibt Lehrer, Wegbereiter wie ehemals, die euch behilflich sind.

Vermischt ihr auf globaler Ebene unsere DNA?

Wir vermischen nicht eure Rassen-Kodierungen. Aber eure Vorväter haben euch verschiedene Programmierungen eingegeben, die sich zu unterschiedlichen Kodierungen in den verschiedenen Rassen entwickelten. Eure Geschichte vom Turmbau zu Babel zum Beispiel ist eine symbolische Darstellung davon, daß eure Vorväter - um euch verschiedenartig zu gestalten und separat zu halten - unvereinbare Kodierungen in etliche Menschengruppen einfügten.

Symbolisch betrachtet, machen wir diese Kodierung rückgängig. Wir reprogrammieren euch mit einem Code, der aus allen Rassen besteht, so daß jeder einzelne von euch eine Kodierung erhält, die für die gesamte Bevölkerung eueres Planeten gültig ist. Ihr werdet anfangen, symbolisch die gleiche Sprache zu sprechen.

In unserem Denken und Fühlen?

Ja.

Wie sieht es mit einer sprachwissenschaftlichen Sprache aus?

Sie würde die Schaffung einer globalen Sprache schneller fördern. Aber ihr müßt sie entwickeln und durch Unterricht erlernen. Unsere Arbeit fördert das Mittel, den Wunsch und die Motivation dafür.

Wie erschaffen die Zeta Reticuli mit unserem genetischen Material Hybriden?

Wir beginnen mit der dreigliedrigen Schablone, über die wir sprachen. Nach dieser dreigliedrigen Schablone nehmen wir Kodierungen von uns, die wir für wertvoll halten. Wir wissen bereits, wie man Kodierungen mit bestimmten Qualitäten isoliert. (Mit dem Wort Kodierung meinen wir Vibration - Schwingungsstrukturen). Wir beginnen mit der dreigliedrigen Schablone und lokalisieren dann die Qualitäten, die wir für die Schaffung einer hybriden Rasse zu erhalten wünschen. Diese liegen in einer Schwingungs-Kennung verborgen.

Zum Beispiel wäre Einheit und nicht Vielfältigkeit der Schwerpunkt einer unserer gewünschten Kodierungen. Das Konzept des Gruppenbewußtseins wird ebenfalls positiv bewertet. Es wird später erweitert und durch eure DNA an Intensität verlieren.

Dann suchen wir die Eigenschaften der Menschen heraus, die wir als wertvoll betrachten und wickeln sie (dies ist symbolisch anzusehen) um unsere eigenen Kodierungen. Die beiden Kodierungen werden in das entstandene Energiefeld integriert. Wir betrachten zum Beispiel eure Vorliebe für Individualität als wertvolle Eigenschaft. Vermischt mit unserem Kodex des Massenbewußtseins wird sich - unserer Theorie nach - daraus eine stabile Ausgewogenheit ergeben. Wir nutzen ebenfalls euren Trieb nach Fortpflanzung für den Fortbestand der Spezies und eure Vorliebe für Gefühle. Diese Kodierung wird um die unsrige gewickelt, die keine Emotionen hat. Wir glauben wieder, daß hier ein stabiles Gleichgewicht im Emotionalkörper der Hybriden geschaffen wird.

So wird ein kondensiertes Energiefeld geschaffen, das sich im Stofflichen ausdrückt und die Schablone für den zu entwickelnden Hybriden stellt. Danach folgen nur noch biochemische Anpassungen in Verbindung mit Anpassungen auf der Schwingungsebene.

Wie sehen die verschiedenen Linien der Hybriden aus?

Die erfolgversprechendsten Linien hatten sehr helle, durchsichtige Haut, große Köpfe mit mehr entwickelten Frontallappen, entweder haarlos, weißem oder silbrigem Haar, Augenstrukturen, die Lichtwellenlängen jenseits eures sichtbaren Spektrums wahrnehmen können, schmale Nase, schmaler Mund; aber wir arbeiten noch an einem Verdauungstrakt, einem sehr vereinfachten Ausscheidungstrakt, Zeugungsorganen ähnlich eueren, einer Größe von ca. 1,30 bis 1,60 m, entweder vier Finger und Daumen, oder drei Finger und Daumen, oder drei Finger und einem Anhängsel, das man nicht Daumen nennen könnte, sehr empfindsamem Gehör, aber ohne äußeres Aussehen wie euer Ohr, und einem größeren Geruchs- und Tastsinn.

Einige der nicht so erfolgreichen Linien waren viel kleiner und viel gebrechlicher. Einige hatten so große Köpfe, daß sie nicht von ihrem Körper getragen werden konnten. Als sie wuchsen, litten sie häufig an einem Genickbruch oder einer deformierten Wirbelsäule durch den nicht im proportionalen Verhältnis stehenden Kopf zum Körper.

Wurde ihnen nicht mit Prothesen geholfen?
Ja. Aber wir wußten, daß die Wirbelsäule nicht imstande war, den Kopf zu tragen; wir mußten von vorn beginnen, denn die Prothesen waren nur eine vorübergehende Lösung.

Haben einige dieser Hybriden Tränengänge?
Einige unserer letzten Linien besitzen Tränengänge, denn wir wissen, daß sie zur menschlichen Struktur gehören und wollen sie daher nachahmen. Aber sie finden noch keine vollständige Verwendung, es sei denn bei Fremdkörpern im Auge. Sie erfüllen eine reinigende Funktion; die Verbindung von Emotionen und Tränengänge haben wir noch nicht hergestellt.

Habt ihr jemals einen unangetasteten menschlichen Fötus behalten?
Ja.

Warum und was waren die Resultate?
Wenn wir unangetastete menschliche Föten behielten, dann vermittelten sie uns die wertvollsten Daten über Menschen, die wir jemals erhielten. Wir möchten betonen, daß die Seelen dieser Föten aus unserer Gemeinschaft stammten, die sich als Menschen inkarnierten, um uns die

Beobachtung der Körperentwicklung zu ermöglichen. Auf diese Weise haben wir euch nichts "gestohlen". Versteht ihr?

Wurden diese Föten einer irdischen Frau entnommen, oder habt ihr deren Wachstum beeinflußt?

Von menschlichen Spendern stammend, überwachten wir ihr Wachstum. Sie waren menschlich, aber wir mußten, um ihr Überleben in unserer Welt zu sichern, ihre Vibrationen ändern. Ansonsten haben wir keine genetischen Veränderungen vorgenommen. Wir wollten den natürlichen Entwicklungsprozeß eines Kindes beobachten. Er vermittelte uns faszinierende Daten wie Kopfumfang im Verhältnis zum Körper und die Fähigkeit der Knochenstrukturen, ein gewisses Gewicht zu tragen. Wir erhielten ebenfalls Informationen über das Gleichgewicht und die Symmetrie des Körpers. Es ergaben sich nicht notwendigerweise neurochemische Daten, da die Wesen in unserer Umgebung wenig emotionalen Stimuli ausgesetzt waren. Hauptsächlich wurden Daten aufgezeichnet über die Entwicklung verschiedener Körperstrukturen wie Zeugungsorgane, Nebennieren, Herz-, Kreislauf-, Verdauungssysteme etc.

Zeigten diese Menschen den Wunsch, emotional genährt zu werden?

Ja. Wir erlaubten menschlichen Volontären, den Kindern Zuwendung zu geben.

Welches Alter erreichen sie?

Sie werden zu Erwachsenen heranreifen. Ist ihr Wachstum beendet, dann altern sie nicht. Der Körper wird weiter bestehen, bis die Seele sich für ein anderes Experiment entscheidet, oder bis wir uns einigen, diese Versuche zu beenden.

Warum zeigen die Zeta Reticuli manchmal die Babys den Menschen und beobachten ihre Reaktionen?

Aus vielerlei Gründen. Einer ist, daß wir das Verlangen der Menschen und Halb-Menschen nach Zuwendung kennen. Viele Hybriden sind uns wegen fehlender Aufmerksamkeit und Wärme gestorben. Es hat uns viele Versuche gekostet, bevor wir die Verbindung erkannten, die zwischen emotionaler Bindung und Überleben besteht.

Als wir diese Verbindung herstellten, baten wir Volontäre, zu uns zu kommen, um diese Kinder zu nähren. Sie pflegen die Kinder, um das Leben des Hybriden zu erhalten. Außerdem können wir die neurochemischen Sekrete - von Mutter und Kind -, die während einer solchen verbindenden Demonstration auftreten, aufzeichnen, um diese Emotionen vielleicht in uns hervorzurufen. Vielleicht können wir das Nähren wiedererlernen, wie vor langer Zeit. Bis jetzt haben diese Darbietungen in uns keine Emotionen wachgerufen, aber wir kennen ihren Wert.

Diese Hybriden werden viel häufiger als erwartet von irdischen Frauen genährt. Es überwiegt die Entführungen.

Wo finden die Begegnungen statt?

75 Prozent in unseren Laboratorien, 20 Prozent in dem Raum, in dem die Frau schläft oder ruht und 5 Prozent an verschiedenen Orten wie Hallen und anderen neutralen Plätzen. Sie können in einer simulierten Tagtraum-Realität, die die Frau akzeptiert, stattfinden, wie in einem Krankenhauszimmer oder im Elternhaus.

Manchmal finden sie physisch statt, manchmal ätherisch. Ätherische Zwischenbeziehungen sind üblicher; etwa 55 Prozent, da sie der Frau weniger bedrohlich erscheinen. 45 Prozent geschehen auf der physischen Ebene und 40 Prozent hiervon in einem anderen Bewußtseinszustand. Nur 5 Prozent werden bewußt erfahren.

Werden andere Ergebnisse erzielt, wenn die Frauen in einem unterschiedlichen Bewußtseinszustand sind?

Ja. Ist die Frau völlig bewußt, dann ist die Energie, die sie ausstrahlt, für uns sehr intensiv - sogar die Emotion der Liebe und Zuwendung. Aus diesem Grunde wenden wir nicht häufig die physische Demonstration an, nicht nur zu unserem Schutz, sondern auch für das hybride Kind, das zur Hälfte ein Zeta ist. Wir glauben daher, daß die emotionale Ausstrahlung der Frau in der Physis genauso intensiv für das Kind ist als wie für einen Zeta.

Welche Erfahrung machen die Kinder?

Sie erfahren archetypische Begriffe. Wir können während der Zuwendung offensichtlich nicht auf die gleiche Weise mit den Kindern kommunizieren. Wir folgern aber, daß sie sich dann mit dem Leben verbunden fühlen. Erinnert euch, daß alle hybriden Wesen, mit denen wir arbeiten, sich diese Erfahrung wünschten und Zeta Seelen (oder Erdenseelen) sind. Sie schreien daher nicht qualvoll auf. Dennoch fühlen sie sich durch die Zwischenbeziehung mit den irdischen Frauen dem Leben verbunden und sie gibt ihnen Überlebenskraft, damit wir die Versuche durchführen können. Ihr könnt es ebenfalls Liebe nennen. Aber weil wir die Liebe nicht kennen, können wir nicht sagen, ob es Liebe ist. Es wäre logisch, dies anzunehmen.

Verspüren die Hybriden Unbehagen, Furcht und Unsicherheit darüber, Teil eines Versuchs zu sein?

Im allgemeinen nicht. Wie bereits gesagt, sind alle Hybriden Seelen, die freiwillig in dieses Experiment hineingehen. Aus diesem Wissen heraus gibt es keine Furcht oder das Gefühl, Opfer zu sein. Es gibt auch kein Selbstmitleid. Sie nehmen freudig an diesem Experiment teil. Das einzige Unbehagen, das sie spüren mögen, ist, wenn ihr physisches Vehikel zu funktionieren aufhört. Sie werden die Abnahme des Lebensflusses fühlen. Das mag eine verwirrende Erfahrung sein, aber ansonsten erleiden sie keine Grausamkeit und keine Furcht.

Werden die Hybriden später an Entführungen teilnehmen?

Ja. Einige Hybriden, die das Stadium der Jugend oder des Erwachsenseins erreicht haben, arbeiten mit uns, wenn die Menschen festgehalten werden. Auf eurem Planeten kann das die vielen unterschiedlichen Wesen erklären, die von den Entführten angetroffen werden. (Wir benutzen das Wort "Entführte" nur, weil es euer und nicht unser Begriff ist.)

Unsere Theorie ist, daß die Verwendung von Hybriden während einer Entführung dem Entführten eine Art von Kameradschaft vermittelt -, daß es jemanden gibt, der wenigstens zum Teil ihre Realität teilt. Es könnte ebenfalls sein, daß der Hybride einen Anflug von Emotion während der Zwischenbeziehung mit dem Menschen verspürt.

Wir haben noch etwas zu sagen. Wir sprechen nun zu euch von eurem Zeitkontinuum aus, also ungefähr aus der Zeit zwischen 1990 und 1991. Unserem Wissen nach werden in den nächsten zehn Jahren eurer Zeitrechnung die Experimente mit den Hybriden fast beendet sein. Wir wissen noch nicht, wie das geschieht, denn es ist nur eine theoretische Projektion. Aber ihr könnt den Schritt dieser Arbeit beschleunigen, indem ihr versteht, daß es keine Opfer gibt und daß wir alle beschlossen haben, auf diese Art und Weise miteinander eine Wechselbeziehung einzugehen.

Die Hybriden stellen symbolisch die Vermählung zwischen unseren Spezies dar und sind die Zukunft unserer beiden Rassen. Sie verkörpern unser beider Bestes. Sie stellen das Potential der menschlichen Seele dar.

6. Umwandlung des Entführungserlebnisses

Wenn dir das Erlebnis nicht gefällt, dann verändere es. Dieses Verständnis steht im Mittelpunkt der Entführungs-Situation. Germane

---

Wir haben das Entführungserlebnis aus der Sicht der Zeta Reticuli dargestellt. Wir haben uns ihre Vergangenheit angesehen, ihre Ansichten und ihre Realität. Der nächste Schritt wird sein, all das auf einen Punkt zu bringen und für uns die Umstände annehmbar zu gestalten. Wir können diese Besucher nicht zwingen, sich zu ändern, weil wir nicht genau wissen, mit wem wir es zu tun haben. Was bleibt, ist die logische Folgerung: wir sind es, die uns ändern müssen. Können wir unsere Einstellung zu diesem Phänomen ändern, dann ändern wir vielleicht das ganze Erlebnis.

In diesem Kapitel gibt uns Germane Techniken, die uns helfen können, diese Erlebnisse zu verändern oder zu beenden. Aber er geht noch weiter. Im Laufe der Sitzung stellt er uns eine neue Sichtweise vor - eine Sichtweise, die uns zwingt, volle Verantwortung für unsere Handlungen und unsere Realität zu übernehmen. Sind wir bereit - für immer - unsere Überzeugung, Opfer zu sein, aufzugeben?

***

Germane: Wir werden über die Veränderung des Entführungserlebnisses sprechen. Es ist der Schlüssel, um die ganze Situation auf eurem Planeten zu transformieren. Das Verändern dieser Entführungsumstände kann auf zweierlei Art erfolgen: erstens durch die Anwendung bestimmter Techniken und zweitens, durch die Veränderung der Einstellung.

Das Erlernen bestimmter Techniken zum Umwandeln des Entführungserlebnisses unterstützt gleichzeitig die Änderung eurer Einstellung. Verändert sich die Ansicht, dann müssen sich die Umstände ebenfalls verändern.

Wir werden einige Techniken besprechen, die Individuen anwenden können, wenn sie gerade entführt werden, oder wenn sie fühlen, daß eine Entführung bevorsteht.

Die Zeta Reticuli wissen nicht (meistens nicht), daß ihr das Erlebnis so weit versteht, daß ihr euch ihres Zugriffes entziehen könnt. Dies wird eine Überraschung sein für sie, und ist Teil ihrer und eurer Lernerfahrung.

Zuerst wollen wir den Aspekt des Schmerzes erläutern. Viele Individuen erwachen inmitten einer Entführung mit Schmerzen. Viele haben gefragt, wie sie das schmerzhafte Erlebnis in etwas weniger Traumatisches umwandeln können - in etwas Neutrales. Wenn die außerirdischen Wesen euch physisch Schmerzen zufügen, (Sonden einfügen oder Untersuchungen), dann ist ihnen das Konzept des Schmerzes bewußt, aber sie vergegenwärtigen sich nicht völlig, was Schmerz bedeutet. Oftmals werden sie ihre Hände auf eure Stirn oder auf den Scheitel legen, um die Stellen eures Gehirns anzuregen, die euch schmerzunempfindlich machen. So werden die Botschaften des Schmerzes nicht von euren Nerven empfangen. Die Entführten verspüren dadurch eine Linderung.

Nun zu den Menschen. Was kann ein Individuum inmitten einer Entführung tun, um den Schmerz zu lindern? Das erste, was du bei Schmerz tun kannst, ist, dir ein sehr intensives elektrisches blaues Energiefeld um deinen Körper vorzustellen. Dadurch erreicht man einiges. Zuerst werden die Zeta Reticuli das blaue Energiefeld bemerken. Sie werden wissen, daß etwas im Gange ist, und bemerken, daß du eine gewisse Handlungsfähigkeit hast. Sie werden daher anders auf dich reagieren und du auf sie. Du wirst den Kreislauf verändern.

Außerdem wird das blaue Energiefeld um deinen Körper - wenn du Schmerz verspürst - eine energetische Schmerzbarriere bilden. Deine Körpervibrationen erhöhen sich auf diese Weise genügend, so daß der Schmerz wie aus weiter Ferne empfunden wird. Dieses wird dir ein weiteres Gefühl einer gewissen Handlungsfähigkeit vermitteln, das das Entführungserlebnis umwandeln wird.

Wenn die Entführten während eines solchen Erlebnisses auch nur ***einen*** dieser Aspekte verändern, um handlungsfähiger zu sein, dann muß sich die ganze Situation verändern. Hier wirkt ein Gesetz. Die Handlung des Entführten diktiert die Art und Weise des Entführungserlebnisses. Diese Erfahrung ist gleichzeitig eine innere wie eine äußere. Sie findet äußerlich statt, weil richtige Wesen beteiligt sind. Sie ist eine innere Erfahrung, weil sie eine Kraft reflektiert, die in dir wirkt. Änderst du einen Aspekt, dann veränderst du das gesamte Erlebnis.

Diese Technik wurde gegeben, um Schmerz zu lindern. Laßt uns einen Schritt weitergehen und eine Technik anwenden für diejenigen, die eine Entführung mittendrin **abbrechen** möchten. Stellt euch vor, ihr liegt auf einem Tisch und werdet euch der Umstände bewußt. Ihr beschließt, sie sofort zu beenden. Etwas kann getan werden, aber das hängt vom Einzelnen ab und von seiner Einstellung.

Das erste, was man tun kann, ist, aus einem Gefühl der Handlungsfähigkeit zu sagen (anstatt aus Angst oder Hoffnung, daß die Technik wirkt): "Ich benötige die Erfahrung, wie sie augenblicklich stattfindet, nicht. Ich möchte die Kommunikation ändern." Hat die Person Kontrolle über ihre Sprechorgane, dann kann sie es herausschreien. Sie kann es denken oder emotional fühlen. Je stärker dieser Wunsch ausgedrückt wird, egal auf welche Art, um so stärker wird die Wirkung sein.

Die Entführungserlebnisse arbeiten deutlich mit der Idee, daß du der Schöpfer deiner Realität bist. Auf deiner Erde ist dir möglicherweise nicht bewußt, daß, wenn du etwas denkst, es auch in Erscheinung tritt, weil viele Dinge zwischen dem ursprünglichen Gedanken und seiner Manifestation liegen. Die Entführungserlebnisse sind direkter. Sie spielen mit deinen Ansichten über dich und deine Welt. Glaubst du, ein Opfer zu sein, oder, daß deine Welt auf irgendeine Weise kontrolliert wird - oder andere, ähnliche Ansichten - dann werden sie genutzt und dir bei deiner Entführung vorgehalten. Die Erfahrung umzugestalten bedeutet, diese Überzeugungen zu verändern und neue Ansichten, die du ausdrücken möchtest, zu verkünden.

Viele mögen denken, dies sei eine einfache Methode, um die Erlebnisse zu verändern, aber sie ist es nicht. Diejenigen Leser, die bereits mit Klienten in Regressionen gearbeitet haben, wissen, daß, sobald der Patient anfängt, handlungsfähig zu sein, sich die Entführungserlebnisse verändern. Sie müssen sich verändern. Auf Garantie.

Der erste Schritt ist, etwas auszurufen. Die zweite Anregung ist nützlich, wenn man außerstande ist, verbal oder gedanklich zu reagieren, da einige Zeta Reticuli vorübergehend die Gedanken- oder Sprechzentren ausschalten. Die Person, die die Entführung beenden möchte, sollte eine harmonische Vibration hervorbringen. Wenn ihr die Stimmbänder gebrauchen könnt, dann tut es. Oder ihr könnt die Energie hinter der Region des dritten Auges oder in der Kehle zentrieren und sie ausstoßen. Erinnert euch, daß Gedanken Vibrationen sind. Auch wenn ihr hörbar nichts ausdrücken könnt, dann schafft ihr dennoch einen harmonischen Ton, der von sensitiven Individuen in der Nähe vernommen werden kann.

Welches ist der korrekte, harmonische Ton? Jeder hat seinen oder ihren korrekten, harmonischen Ton. Er unterscheidet sich von Person zu Person, deshalb können wir nicht anhand der Tonskala angeben, welches der richtige für dich ist. Er ist *dein* charakteristisches Vibrations-Kennzeichen. Wenn du ihn spontan und mit Überzeugung von dir gibst, dann gibst du *automatisch* den Ton deines dir eigenen Vibrationsmusters ab. Drückst du ihn verbal aus: je lauter der Ton, um so effektiver ist er. Tue es mit Überzeugung.

Die Realität, die du mit den Zeta Reticuli teilst, wird dadurch vibrationsmäßig erschüttert. Die Vibration ähnelt dem Zertrümmern von Glas. Du bringst die neue Vibration *deiner Handlungsfähigkeit* in die Realität ein (weil es dein Vibrations-Kennzeichen ist), und diese zerschmettert diese Realität wie Glas. Es muß aus dem Gefühl der Handlungsfähigkeit und Identität getan werden und nicht aus Angst oder Verzweiflung. Angst wird keinen genügenden Aufprall haben, um die Realität zu zerschlagen.

Macht jemand von dieser Technik Gebrauch, und hat er die Vibration hervorgebracht, dann kann zweierlei geschehen: er wird sich entweder in seiner dreidimensionalen Realität wiederfinden, oder er wird die Realität genügend verändern, so daß sich das, was geschieht, wandelt, und damit auch die Wesen, mit denen er es zu tun hat. Das Erlebnis wird dann aufgewertet werden zu einer gleichrangigen, gemeinsamen Beziehung zwischen Untersucher und Untersuchenden.

Ihr könnt dies in eurem täglichen Leben üben; immer dann, wenn ihr einen emotionalen Fokus habt - hauptsächlich einen negativen emotionalen Fokus. Seid ihr furchtsam, besorgt oder gestresst, dann fühlt ihr euch am Ende eurer Kräfte. Dies ist der Zeitpunkt, den Ton aus euch herauszulassen. Übt ihr in eurem täglichen Leben, dann werdet ihr vertrauter mit dem Vorgang und könnt während einer Entführung die Technik ohne nachzudenken anwenden. Sie wird sich ganz natürlich einstellen.

Viele singen, wenn sie ausgesprochen glücklich sind, aus Freude. Das geschieht aus demselben Grund. Wenn ihr einen emotionalen Fokus habt, dann könnt ihr diese Energie in eine harmonische Vibration channeln, die eure Realität bedeutend verändern kann. Diese Technik ist sehr kraftvoll.

Du erwähntest das Abbrechen der Entführung. Aber einer der Gründe für die Entführung liegt in der Zustimmung des Entführten. Warum also soll dieses Erlebnis abgebrochen werden?

Das Erlebnis wird nur zeitweise unterbrochen. Die Zetas und die Menschen erleben einen evolutionären Sprung. Die Vereinbarungen werden sich dadurch verändern. Bemerkt die Person, daß sie auf eine andere Art und Weise behilflich sein kann, dann werden sie *ihre Abkommen abändern.* Das ist Teil des Musters, das ebenfalls umgestellt wird. Das Erlebnis wird weniger ein ungleicher Austausch sein, sondern mehr ein gleichrangiges und wechselseitiges. Wenn wir über das Abbrechen der Entführung sprechen, dann meinen wir das Abbrechen dieses besonderen Erlebnisses, so daß die Person sich auf sich selbst zentrieren kann und ihren eigenen Einfluß und ihre Identität neu bewerten kann. Sollte sie wieder in die Entführungssituation einsteigen wollen, dann wird sie es auf eine ganz andere Weise tun. Hierin liegt die Kraft der Veränderung für die gesamten Entführungsumstände.

In dieser Realität ist es oft schwer, geistesgegenwärtig in einer furchterregenden Situation zu sein und das Nötige zu tun. Wie kann ich mich an das erinnern, was zu tun ist, wenn ich in einer extrem furchterregenden Situation stehe?

Beginne mit den weniger furchterregenden Situationen. Nimm an, du fährst eine Straße hinunter und überfährst beinahe einen Hund. Adrenalin strömt aus. Fahre an den Straßenrand. Du befindest dich dann in einem bewußten Zustand und solltest üben. Fahre fort mit zuträglichen Situationen und arbeite dich in heftigere hinein. Auf diese Weise wirst du dich trainieren. Es wird zur Gewohnheit werden. Du wirst sehr überrascht und erfreut sein, wie effektiv diese Technik ist, um dich in deine Mitte zurückzubringen.

Sie muß nicht verbal sein?

Nein, aber wenn du dazu imstande bist, dann ist es optimal.

Was hältst du von der Idee, sich mit dem Zyklus der Erde, der etwa 7,5 Zyklen pro Sekunde beträgt, zu verbinden? Auf diese Weise erhält man ein größeres Gefühl von Handlungsfähigkeit. Ich hörte, daß diese Technik funktionieren könnte.

Das ist eine Technik ähnlich der Harmonietechnik, über die wir gerade gesprochen haben. Diese Vibration ist das Vibrations-Kennzeichen der Erde. Du bist Teil eines Planeten und hast auch deine eigene Identität. Wärest du dir des Vibrations-Kennzeichens der Erde bewußt, dann könntest du es benutzen. Wir meinen jedoch, daß es nicht so tiefgreifend wäre, wie deine persönliche Schwingung, aber man könnte es benutzen.

Laß mich dich mit einer anderen Idee bekanntmachen. Für einige ist sie vielleicht furchterregend. Viele werden ihr Widerstand entgegensetzen. Angenommen du liegst im Bett und dir wird bewußt, daß sich eine Entführung anbahnt. Du bist dir bewußt, daß sie dich ins Raumschiff bringen und bist hilflos. Was machst du? Wenn du imstande bist, dies geschehen zu lassen, dann kannst du das Muster ebenfalls schnell verändern.

Halte einen Moment innerlich inne. Zentriere dich. Du kannst es, denn in Zeiten intensiver Furcht ist die Energie so zentriert, daß du tatsächlich eine Stille in dir findest. Es ist möglich. Wenn du das Zentrum betrittst, *gib die Erlaubnis*. Teile den Wesen mit, daß du freiwillig mitgehst. Du wirst ihnen solch einen Schock versetzen, besonders, wenn sie schon öfter mit dir zu tun hatten und sie daran gewöhnt sind, daß du sie bekämpfst. Dadurch verändern sich für dich die Entführungsumstände. *Sie müssen* sich verändern, du bist in dieser Situation die handlungsfähige Person. Du ziehst die Drähte. Du veränderst das Erlebnis.

Auf diese Weise wirst du einen Kommunikationskanal zwischen dir und ihnen öffnen. Sie werden sich selbst mehr öffnen und mit dir auf einer vertrauteren Ebene kommunizieren, so daß du verstehst, warum dies geschieht, und du ihnen sogar freiwillig die gewünschten Daten gibst. Dieses wird sie lehren, in einer sanfteren Weise mit den Menschen umzugehen.

Du wirst sehen, wenn du freiwillig mitgehst, daß sich dann nicht nur deine Erfahrung verändert, sondern du dich auch handlungsfähiger fühlen wirst. Die Kommunikation mit dir wird ungezwungener sein, ohne alle die Schliche und Methoden, die sie ersinnen, um dich auf ihr Schiff zu bringen. Du bist es, der das Muster zu verändern beginnt. Du verwandelst das Erlebnis, denn es ist ein archetypisches, inneres, ausgesprochen wichtiges Erlebnis für die menschliche Spezies.

Das scheint mir das Vernünftigste zu sein. Man sollte darauf hinarbeiten.

Es ist, als säßest du beim Doktor und wartetest auf eine Spritze. Verkrampfst du deine Muskeln, dann spürst du vermehrt den Schmerz. Alles, wogegen du dich sträubst, ist beharrlich. Mit Zustimmung verringert sich der Widerstand, und die Erfahrung wird weniger schlecht ausgehen als vermutet. Vielleicht erkennst du jetzt den Wert dieser Methode. Es handelt sich nicht um eine "Wir-gegen-sie-Situation". Es sind zwei Spezies an entgegengesetzten Punkten eines Spektrums, die verzweifelt versuchen, sich die Werte, die Genetik des anderen einzuverleiben und Wege der Kommunikation zu finden. Das ist alles.

Bei den mehr negativen Erlebnissen mit denjenigen, die sich mehr auf das Negative konzentriert haben, und die sich nicht um die gemeinsame Transformation der Spezies kümmern, werden die umrissenen Techniken von bedeutendem Wert sein, besonders die Harmonie-Resonanz-Technik. Vom Standpunkt der Wesenheiten aus werden sie von etwas Unbekanntem getroffen, und du wirst ganz einfach vor ihnen verschwinden. Wir sprechen hier nicht so sehr über die ganz negativen Entführungsumstände, denn sie stellen nur einen kleinen Bestandteil auf eurer Erde dar. Sie sind jetzt nicht das Ziel dieser Diskussion.

Eine meiner Hauptfragen dreht sich darum, daß ich mir das Erlebnis kaum bewußt mache. Es muß so furchterregend sein, daß ich nur sehr wenig Bewußtheit zulasse. Ich kann die anwesende Energie fühlen, deshalb schlafe ich bei Licht. Ließe ich das Erlebnis bewußter zu, dann würde es sich verändern, nicht wahr?

Ja.

Aber der Gedanke daran flößt mir Angst ein. Ich möchte nicht, daß sie mich beim Aufwachen anstarren. Mir wäre es lieber, es geschähe bei Tag. Die größte Furcht ist, daß sie mitten in der Nacht kommen. Wir haben so viele Ängste aufgebaut über Dinge, die des Nachts geschehen.

Es wäre unüblich bei Tag (aber nicht unmöglich), aufgrund der Art eurer Kommunikation. Es liegt teilweise daran, daß es einfacher ist, dich zu entführen, wenn du dich schon in einem anderen Bewußtseinszustand befindest. Sie können dann auch viel leichter deine Erinnerung manipulieren. Das ist ein offensichtlicher Grund.

Ein anderer Grund hat mehr mit der archetypischen Natur des menschlichen Bewußtseins zu tun - mit der Dunkelheit, mit der Nachtzeit. In der Dunkelheit mußt du den Dingen, vor denen du dich fürchtest, ins Gesicht sehen.

Das Unterbewußte herrscht in der Nacht. Hier sind wir auf einer unterbewußten Ebene aktiv.

Sie müssen mit dir auf den Ebenen Kontakt aufnehmen, die die größere Realität darstellen. Euer Tagesbewußtsein ist sehr begrenzt; es ist eure eingeschränkteste Realität. Hingegen sind die Realität eures Unterbewußtseins und dic der anderen Zustände grenzenlos und spiegeln mehr eure wahre Natur wider. Die Menschen haben diese Erlebnisse meistens in der Nacht, denn das Unterbewußtsein kann der Nacht gleichgestellt werden.

Diese Situation konfrontiert die Menschheit mit ihren tiefsten Ängsten - Angst vor der Evolution, Angst vor Veränderung, Angst vor Tod oder Auslöschung, Angst vor Infiltration und Kontrolle. Diese innewohnenden, tiefen archetypischen Ängste des Menschen stammen aus dem Unbewußten, dem Unterbewußtsein und der inneren Dunkelheit. Ihr manifestiert diese Begegnungen in Übereinstimmung mit den Regeln des Unbewußten und Unterbewußtseins - die Nacht, die Schattenreiche, die Ebenen zwischen Wachen und Schlafen, die Bereiche, über die ihr "keine Kontrolle besitzt". Das ist der Grund, warum die Begegnungen stattfinden. Je vertrauter ihr mit den Reichen des Unbewußten, der archetypischen Ängste werdet - umso weniger werdet ihr das Erlebnis fürchten. Wenn du sagst, du hättest Angst, dann werden sie dich beim Erwachen anstarren. Aber im Grunde fürchtest du dich nur vor deinem in der Dunkelheit existierenden Gegenstück. Es führt immer zum Selbst zurück.

Von dem Gesichtspunkt einer Spezies aus, die auf euch von der Vogelperspektive herabschaut, steht die menschliche Rasse jetzt vor einer ausgesprochen gewaltigen Veränderung - einer Veränderung, die wichtiger sein wird, als alle anderen nach dem Sprung zum Homo sapiens. Sie ist so gewaltig. Wenn eine Spezies einen evolutionären Sprung macht, befürchtet das Alte die Auslöschung. Wenn es nach vorne schaut, dann sieht es nur Dunkelheit, denn die neue Spezies ist noch nicht erschaffen. Der Sprung ins Dunkle ist für viele Menschen furchterregend. Aber die Terraner Spezies auf eurem Planeten hat viele Sprünge gemacht und überlebt. Eure Gefühlsebene ist höher entwickelt als jemals zuvor. Dies kann für oder gegen euch arbeiten: gegen euch, wenn alle Ängste hervorbrechen und euch daran hindern, den Sprung zu tun; und für euch, weil ihr erkennt, wie wertvoll und kraftvoll die Veränderung ist.

Der Sprung der Zeta-Reticuli-Spezies kann mit eurem verglichen werden. Dennoch unterscheidet er sich von eurem, denn sie befinden sich auf einer anderen Vibrationsebene. Aber ihr seid Spiegelbilder füreinander, und das ist der Grund, warum ihr euch gegenseitig angezogen habt. Was ihr zusammen unternehmt, wird eure galaktische Familie tief beeinflussen. Zusammen werdet ihr eine neue Spezies schaffen. Dies ist der Weg, wie Evolution und Schöpfung fortschreiten und im Universum fortbestehen. Ihr erfahrt es zum erstenmal und seid deshalb ein wenig unsicher.

Wenn ihr die Besucher nicht länger dazu zwingt, in der Nacht zu kommen, wird sich eine ganz andere Situation ergeben. Das wird auch die Zeit sein, wenn ihr mit eigenen Augen in eure Seele blicken und *furchtlos das im Inneren Verborgene ansehen könnt.*

Könnte man darum bitten, daß diese Begegnungen am Tage stattfinden?

Menschen haben diese Begegnungen schon tagsüber gehabt. Es ist jedoch schwieriger für die Zetas - aufgrund ihrer Anlagen - am Tage zu kommen, euch festzuhalten und die Entführung vorzunehmen, weil eure Gehirnwellen im Bereich des Beta-Zustandes sind. Es ist leichter für sie im Alpha- oder Theta-Zustand.

Aber es ist leicht für sie, uns in diesen Zustand zu bringen.

Richtig. Die Erfahrungen, die ein Mensch im Beta Zustand - wach und bewußt - macht, bedeuten, daß ihr in der physischen Realität verstrickt seid, und diese Realität ist für sie überwältigend.

Unsere bewußte Realität ist für sie überwältigend?

Ja. Sie *können* es tun, aber eure Realität ist zu chaotisch für sie. Sie lieben die Ordnung. Chaos ist etwas Ungewohntes, und sie haben damit nicht gern zu tun. Individualität steht bedeutend für Chaos. Es ist leichter für sie, euch zu holen, wenn ihr mit dem Einen verschmolzen seid.

Sind deshalb so viele Menschen von den Zetas - weil sie sich in unserer Gegenwart so ungemütlich fühlen - mit diesen emotionalen Schildern geschützt worden?

Ja. Sie ist genau so ungemütlich für sie wie für euch. Für sie ist es, als wenn sie von einer Flutwelle von Emotionen getroffen würden. Sie spüren sie physisch, es ist eine Energie, die sie erschlägt. Wärest du ein Zeta und würdest von einer ähnlichen emotionalen Energie getroffen, würdest du unter Brechreiz und Gleichgewichtsverlust leiden, und dein Atem und die Verbindung zu dem Planeten würden sich verändern. Sie feiern bestimmt keine Party! Wenn ihr und die Zeta Reticuli eure Methodik der Begegnung ändert, dann wird die Verbindung für beide weniger unangenehm sein.

Die Erlebnisse wirken jetzt weniger beängstigend auf mich, da ich nun über diese Dinge Bescheid weiß.

Jeder wird seine eigene Methode entwickeln - gleich ob er seine Ansicht oder die Technik verändert. Wir möchten betonen, daß *niemand* verurteilt ist, ohne Zustimmung mit den Zeta Reticuli Kontakt zu haben. Wenn dir das Erlebnis nicht gefällt, dann kannst du es verändern. Dies zu verstehen ist ein ganz wichtiger Punkt für die gesamte Entführungssituation. Der Grund, warum ihr diese Situation eine Entführung nennt, ist, weil ihr noch keinen Gebrauch von eurer Handlungsfähigkeit gemacht und nicht erkannt habt, daß ihr bereits ein Abkommen getroffen habt.

Wir müssen anfangen, eine andere Sprache zu sprechen. Das Wort "Entführung" hat den Beigeschmack von "Opfer".

Stimmt.

Ich habe darüber nachgedacht. Wie könnten wir sie nennen? Unsere Freunde? Unsere Besucher? Wir müssen einen positiven Begriff finden. Die Sprache muß sich verändern.

Absolut. Es ist ein sehr wichtiger Punkt. Die Sprache zu verändern hilft, eure Ansicht über das Erlebnis zu ändern. Hier sind einige Vorschläge: Ihr könnt euch selbst einen Gast nennen, einen Besucher, einen Kontaktler, einen Verbindungsmann. Jeder könnte sich eine eigene Bezeichnung suchen. Die Sprache muß sich verändern, um die Verschiebung eurer Handlungsfähigkeit widerzuspiegeln. Das würde die Einstellung zum Erlebnis bedeutend verändern. Sie sind nicht die Entführer und du nicht der Entführte. Du wirst nicht entführt; du bist *eingeladen* worden. Du bist ein *Gast*. Erinnere dich deiner Manieren, wenn du deine Freunde besuchst!

Betrittst du freiwillig deines Freundes Haus, dann braucht er dich nicht zu packen, dich auf den Tisch zu werfen und dir Dinge in die Nase zu stoßen. Kommst du durch die Tür herein, dann würden sie sagen: "Wäre es nicht schön, wenn wir beide etwas aus unserer Zusammenkunft lernen könnten? Würdest du uns freiwillig eine Hautprobe geben?" Würdest du ihnen die Bitte abschlagen, würden sie es respektieren. Aber dir ist nicht einmal bewußt, daß du nein sagen kannst, außer aus Furcht. Und sie verstehen nicht die Sprache der Furcht.

Da wir dieses Abkommen getroffen haben, muß es auf einer Ebene für uns aufregend oder interessant sein, denn sonst hätten wir es nicht abgeschlossen. Ich wünschte mir einen Kontakt, bei dem sie mich fragten: "Wäre es nicht spaßig, wenn wir eine Hautprobe nähmen?" Ich könnte dann antworten: "Ja! Und erzählt mir von euren Ergebnissen." Könnten wir diese Art des Austausches haben?

Absolut. Ihnen würde diese Art des Austausches Freude bereiten. Sie denken, ihr seid desinteressiert, weil ihr anders reagiert. Ihr würdet herausfinden, daß sie euch Dinge schenken wollen - aber nicht als Beweis für deine Erlebnisse. Sie möchten mit dir teilen! Wenn du sie bitten würdest, sich auf den Tisch zu legen, damit du ihre Haut unter dem Mikroskop betrachten könntest, so würden sie es tun!

Niemand hat sie bisher gefragt. Sie mögen selbst noch nicht an eine solche Veränderung der Beziehung gedacht haben.

Deshalb sprechen wir mit dir und nicht Harone. Harone ist noch Teil ihres Musters. Er kann es nicht aus höherer Warte betrachten. Wenn ihr diese neuen Konzepte anwendet, werden sich ihre Beziehungen zu euch verändern.

Sie werden diesem Ansinnen stattgeben?

Sie werden reagieren. Aus höherer Sicht ist dies Teil des Planes. Es ist nicht vorgesehen, daß die Beziehung weiter so besteht wie bisher. Wenn beide Spezies ihre Haltung verändern, dann muß sich zuerst eure Beziehung zueinander verschieben. Einer von euch muß den ersten Schritt tun. Sie machen auf ihre Art Schritte, aber ihr solltet sie ebenfalls tun. Vielleicht können einige der hier angeführten Informationen euch behilflich sein, diese Schritte zu unternehmen. Die Einstellung, ihnen gegenüber zornig zu sein und diesen Zorn nicht loszulassen, wird das Erlebnis *nicht* verändern.

Man bliebe Opfer.

Richtig.

Ich denke nun anders über die ganze Angelegenheit. Reicht dies aus, damit das Erlebnis sich zu verändern beginnt?

Ja, gewiß.

Je mehr ich darüber nachdenke und je mehr Spannung ich über einen gleichwertigen Austausch verspüre, um so mehr werden die Erlebnisse sich ändern. Aber wird das helfen?

Sie mögen vielleicht nicht so stattfinden, wie erwartet, aber es wird helfen, die Erlebnisse aufregend und nicht furchterregend zu empfinden. Die Begegnungen können noch immer im Unbewußten und auf der Traumebene stattfinden, aber die Qualität der Begegnungen wird sich verlagern. Es wird vielleicht keine bewußte Erfahrung sein, aber ihr werdet die Auswirkungen dieser Veränderungen in eurem Bewußtsein, in eurer bewußten Realität verspüren - wenn ihr zum Beispiel nicht mehr bei Licht schlafen müßt.

Vielleicht werde ich auch andere Ängste in meiner Realität aufgeben.

Ja. Das sind Fragen der Handlungsfähigkeit. Obgleich sie mit den Entführungserlebnissen zusammenhängen, sind sie ebenfalls mit anderen Aspekten eures Lebens verbunden. Euer Leben wird sich auch verändern.

Folglich werde ich nicht mehr so ängstlich die dunklen Winkel meines Lebens - welche es auch sein mögen - angehen.

Richtig.

Laß mich den Wunsch, das Licht anzuknipsen, analysieren. Einerseits bin ich ängstlich; auf der tieferen Ebene möchte ich sehen, was vor sich geht. Ich möchte ihnen von Angesicht zu Angesicht begegnen. Mit Licht sehe ich sie wirklich klar und deutlich.

Aber sie müssen *dich* ebenso sehr sehen wollen. Auf ihre Art fürchten sie sich vor den Menschen, und was sie darstellen.

Verspüren sie in unserer Nähe eine Art von Angst?

Ja. Aber das Gefühl der Angst unterscheidet sich von eurem Angstgefühl. Sie sind abgelöst von der Angst, aber sie wissen, daß es etwas ist, das sie nicht mögen. Deshalb vermeiden sie sie oder versuchen, sie zu kontrollieren, so daß sie gar nicht mit ihr in Berührung kommen. Ihr jedoch habt all die Werkzeuge erhalten, um die Erlebnisse zu verändern.

Ich möchte, daß die Erlebnisse anders werden - spaßig und aufregend. Betrachtet man, welche Rolle alles im evolutionären Schema spielt, dann ist es wirklich eine Ehre, daran teilzuhaben.

Richtig! Wenn genügend Menschen auf eurem Planeten zu dieser Einstellung überwechseln, dann verändert sich die Situation, die sie gemeinsam mit euch schaffen. Dann werdet ihr den großen Sprung der Spezies erleben. Ihr werdet sie schokkieren, überraschen und sie stark erregen - soweit sie dazu fähig sind. Hier beginnt wahrhaftig das Miteinanderteilen.

7. Hinter Mauern

Zwei Tage lang hatte ich das Gefühl, aus einem Winkel beobachtet zu werden. Nach zwei Tagen zog ich mich zum Nachtschlaf zurück, nur um schlaftrunken zu erwachen und draußen vor meinem Fenster ein kleines Flugobjekt zu erblikken.

- Leigh Washington -

Nach jeder Wegbiegung scheint sich das Besucher-Phänomen mehr und mehr zu enthüllen. Wie weit haben diese Begegnungen unsere Gesellschaftsstrukturen durchdrungen? Gibt es Teilgebiete, die wir nicht durchforstet haben und die vielleicht des Rätsels Lösung enthalten und das gesamte Bild vervollständigen?

Ein sehr wortgewandter und intelligenter Mann schrieb uns Anfang 1991 und schilderte einige ungewöhnliche, aber faszinierende Begebenheiten mit Außerirdischen, die er und seine Mitmenschen hatten. Was diese Kontakte von anderen unterscheidet, ist, daß sie sich hinter Gefängnismauern abspielen.

"Leigh Washington" (Name geändert) ist Insasse einer Besserungsanstalt in Michigan. Während seiner Gefängnisstrafe hatte Leigh seit den späten 70er Jahren wiederholt Kontakte. Die Briefe, die wir von Leigh erhielten, waren alle ausgesprochen klar, ausgewogen und manchmal sogar skeptisch. Leigh ist offen und besitzt das Vermögen, jenseits des Offensichtlichen zu verweilen. Als seine Schilderungen Gestalt annahmen, wurde es klar, daß es ein weiteres Gebiet des UFO-Phänomens gibt, das bisher übersehen wurde. Hier Leighs Worte:

> So seltsam und ungewöhnlich es sich anhören mag, aber ich machte während meines Gefängnisaufenthaltes Erfahrungen mit Außerirdischen... Ich benutze die Worte "seltsam" und "ungewöhnlich", denn die meisten Menschen nehmen an, daß Eingekerkerte minderwertig sind und oft ein Schattendasein im Leben führen. So mögen viele denken, aber es ist nicht immer so.
>
> Mir ist bewußt, daß jemand, der im Gefängnis einsitzt, in den Köpfen der Menschen bestimmte Bilder und Ideen hervorruft, die nicht allzu positiv sind. Ich versichere Ihnen, daß ich, obwohl ich im Gefängnis bin (und das seit sechzehn Jahren), außergewöhnlich hart daran gearbeitet habe, meine Einheit mit dem Ganzen oder mit allem Existierenden wiederzufinden. Wo Unwissenheit und Blindheit wohnten, herrscht jetzt Bewußtheit vor. Diese Bewußtheit hat mich mit vielem in Berührung gebracht.
>
> Seit einiger Zeit weiß ich, daß wir, die Insassen dieser speziellen Anstalt, beobachtet werden und beobachtet wurden. Allgemein gesprochen vermute ich, daß Orte wie dieser - wo Furcht und Blindheit vorherrschen - die Hauptplätze für Beobachtung und Experimente sind. Ich äußere dieses mit einem gewissen Zweifel, aber nur weil mein Gefühl mir sagt, einer bestimmten Glaubwürdigkeit zu entbehren. Ich vermute mehr als ich beweisen kann!.

Leighs Briefe spiegeln den ruhigen Beobachter wieder. Niemals gab es darin einen Anflug von Paranoia oder Größenwahns. Oft hinterfragt er seine eigenen Beobachtungen, was seine

Informationen beängstigend und realistisch macht, und wir haben seine Mitteilungen schätzen gelernt. Was nun folgt, ist sein erster Bericht, in dem er eine seiner Erfahrungen schilderte.

Zwei Tage lang hatte ich das Gefühl, aus einem Winkel beobachtet zu werden. Nach zwei Tagen dieses Gefühls zog ich mich zum Nachtschlaf zurück, aber nur um schlaftrunken zu erwachen und draußen vor meinem (Zellen-)Fenster ein kleines Flugobjekt zu erblicken. Zwei Außerirdische standen in der Nähe des Flugobjektes, ein anderer schritt auf mein Fenster zu. Als der Außerirdische sich näherte, hatte ich den Eindruck, daß ich es war, für den er sich interessierte.

In seiner Hand befand sich ein langer stabförmiger Gegenstand (etwas wie ein Kommandostab), und ich wußte, daß er, wenn angeknipst, ein weißes Licht aussenden würde. An meinem Fenster angekommen, zielte der Außerirdische mit dem Stab auf mich. In genau dem Augenblick, als der Strahl auf mich zuschoß, warf ich mich in die andere Ecke meines Raumes. Der Strahl verfehlte mich. Meine spontane Bewegung hatte mich in einen Teil des Raumes befördert, aus dem ich nicht so schnell wieder hervorkommen konnte. Ich saß in der Falle. Der Außerirdische zielte mit seinem Stab auf das Dritte Auge (zwischen den Augenbrauen) und traf. Sofort erhielt ich Informationen, die ich nicht verstehen konnte. Mein Gehirn füllte sich mit Symbolen oder vielleicht war es eine Sprache, die jenseits allen Verstehens war. Nach einer kurzen Zeit entfernte sich der Außerirdische, und ich erwachte, um mir fast das ganze Erlebnis in Erinnerung zurückzurufen.

Jeder, der sich mit UFO-Literatur beschäftigt, wird einige der bekannten Themen wiedererkennen: ein langes, stabförmiges Instrument, von einem Strahl an der Stirn getroffen werden und die Übermittelung von Symbolen oder Informationen in schneller Reihenfolge. Aber was wirklich schockiert, ist die eigentliche Bedeutung dieser Erlebnisse.

In den vorhergehenden Kapiteln haben wir etliche Versuche beschrieben, die diese außerirdischen Gruppen hier auf der Erde durchgeführt haben. Lassen Sie uns für einen Augenblick den Platz dieser Außerirdischen einnehmen. Kämen wir auf die Erde, um Versuche und Experimente durchzuführen, welche Bedingungen würden wir aufrechtzuerhalten wünschen? Eine überwachte Umgebung. Welche kontrollierbare Umgebung besteht bereits auf der Erde? Es sind die Gefängnisse. Wenn wir Daten über starke emotionale Reaktionen (oder deren Biochemie) suchten, wo fänden wir Menschen in kontrollierter Umgebung, die solchen starken Gefühlen unterliegen? Hinter Gefängnismauern.

Wie bereits vorher dargelegt (ebenfalls ersichtlich aus klassischer UFO-Entführungsliteratur), schaffen die Außerirdischen oft Szenarios für Entführte, um ihre Reaktionen zu beobachten. Leigh berichtet in diesem Zusammenhang eine interessante Geschichte.

> Eines Nachts wurde eine Gruppe von uns zu einer Art Reaktionstest geführt. Es war das erstemal, daß ich eine Erinnerung an diese Art von Versuch hatte. Am Morgen konnte ich mich nur an vier Mitgefangene erinneren. Ich war einer von ihnen. Ich sprach mit zweien von den dreien, aber nur einer konnte sich erinnern. Es war Kevin. Er sagte, er war sich sicher, daß irgendetwas mit Außerirdischen geschehen war, konnte sich jedoch nicht genau erinnern.

Wir wurden an einen Ort oder möglicherweise an Bord eines Flugobjektes gebracht, das eine Umgebung hatte, die speziell so aufgebaut war, daß sie der Erde ähnelte. Das ganze Experiment war - ich fühle, daß ich es Ihnen mitteilen muß - einfach in Szene gesetzt. Wir wurden, um der Resultate willen, bestimmten Situationen unterworfen. Die Ergebnisse wurden in dem Raum, in dem wir uns befanden, gesammelt. Die Techniker blieben unsichtbar, aber ich spürte, wie sie jede unserer Reaktionen notierten und dokumentierten. Ich fühlte mich gut und schlecht zugleich während dieses Versuchs. Es war, als ob das Experiment in zwei Teile gespalten war. Der eine Teil rief gute Gefühle hervor, der andere schlechte...

Von besonderem Interesse war der uns eingegebene Gedanke, wir brauchten nicht wieder ins Gefängnis zurück. Alle von uns waren ausgesprochen glücklich darüber. In all meinen Erfahrungen mit Außerirdischen hatte ich niemals, bis auf diese Nacht, die Hoffnung gehegt, mit ihnen gehen zu dürfen oder mitgenommen zu werden. Ich erinnere mich, wie ich mich fragte, was wohl die Gefängnisleitung tun würde, wenn sie mich nicht fände. Bei diesem Gedanken war meine Freude übergroß. Es ist traurig genug, aber ich vermute, daß uns dieses nur um der Resultate willen gesagt wurde. Ein bißchen grausam, nicht wahr?

Wenn die Außerirdischen unsere Gefängnisse als Laboratorien benutzen, ergeben die obigen Erfahrungen einen Sinn. Sie scheinen an polarisierten Gefühlen wie Wut, Furcht oder Freude interessiert zu sein. Was könnte eine freudigere Reaktion hervorrufen, als einem Inhaftierten zu erklären, er brauche nicht ins Gefängnis zurückzugehen? Das muß nicht bedeuten, daß sie grausam sind, sondern nur, daß sie die Natur der Gefühle nicht kennen. Unsere diversen Gefühle mögen ihnen wie verschiedenfarbige Äpfel vorkommen, und sie untersuchen einfach dieses Gebiet aus Wißbegier.

Während seiner Verbindung mit uns erwähnte Leigh zwei weitere Erlebnisse, die ihm seine Mitgefangenen erzählt hatten. Es ist verständlich, daß diese Erlebnisse normalerweise verschwiegen werden aus Angst, ihre psychologischen Beurteilungen aufs Spiel zu setzen. Leigh hat zu vielen seiner Mithäftlinge ein Vertrauensverhältnis aufgebaut, und so werden ihre Geschichten ausgetauscht.

> Einer, der sagte, ich solle ihn nicht namentlich nennen, hatte vor etwa einem Jahr ein furchterregendes Erlebnis. Es war frühmorgens, etwa gegen 2 Uhr 30. Da erwachte er aus irgendeinem Grunde, und weil sein Bett einen Ausblick nach draußen gewährt, sah er, als er seine Augen öffnete, etwas, das "nicht von dieser Welt" war. (Dieses sind seine Worte.) Dieses Etwas starrte in seinen Raum. Es ist ganz natürlich, daß, wenn dich etwas mit einem riesigen Kopf und zwei großen schwarzen Augen durch das Fenster anstarrt, du auf dieses Erlebnis erschrocken reagierst. Und das tat er. Er machte einen solchen Lärm, daß die Wärter beauftragt wurden, das ganze Gelände nach einem Eindringling zu durchsuchen. Er erzählte, daß diese Begebenheit "einfach furchterregend" gewesen sei. Unnötig zu sagen, daß niemand gefunden wurde. Ist das positiv, negativ oder neutral zu bewerten? Er selbst nannte es ein negatives Erlebnis mit positivem Inhalt, das sich hoffentlich nicht noch einmal wiederholen würde!
>
> Kevin sagte ebenfalls, daß er im Schlafzustand so etwas wie ein außerirdisches Flugobjekt außerhalb seines Fensters gesehen hatte. Er glaubte, hellwach gewesen zu sei, als er es bemerkte, aber beim Erwachen am Morgen war er sich darüber

> im klaren, daß er noch geschlafen hatte. Er erwähnte ebenfalls, daß er einen Tag, und zwar den ganzen Tag lang, ein komisches Gefühl im rechten Ohr verspürt hatte. Ich selber habe ihm nie erzählt, daß ich ebenfalls dieses Empfinden in meinem rechten Ohr kenne, wenn ich eine fremde Gegenwart verspüre. Ist das Zufall?

Vielleicht nicht. Kevins Erfahrung mit dem rechten Ohr ist nicht neu in der Ufologie. Es gibt eine Reihe von Fällen, in denen Blut aus der Nase oder dem Ohr nach einer Begegnung austrat. Wenn dies wirklich physische Begegnungen sind, wie oft kommen sie dann vor? Wieder einmal erzählt Leigh aus seiner Erinnerung.

> Während meiner Jahre im Gefängnis traf ich auf viele Menschen, die am Morgen mit Blut auf ihren Kissen aufwachten, das von Nasenbluten während der Nacht hervorgerufen worden war. Viel zu viele. Darüber habe ich viele Jahre nachgedacht!

Soweit fügen sich Leighs Berichte gut ein in das Muster der untersuchten Entführungsfälle. Die Frage, die sich jetzt stellt, ist: "Wer sind diese Wesen, mit denen die Häftlinge zusammentreffen?" Der Insasse, der namentlich nicht genannt werden möchte, beschreibt sie als großköpfig mit riesigen schwarzen Augen - als die Wesen, die wir Zeta Reticuli in unseren Untersuchungen nennen. Gab es andere? Hier wieder das übliche Muster in Leighs Bericht:

> Ich schlief, aber erwachte plötzlich. Ich sah, daß der Himmel voll mit Flugobjekten war. Sie flogen in zwei gleichartigen Formationen auf unser Gebiet zu. Es gab zwischen 18 bis 20 Flugobjekte. Die Hälfte davon beschäftigte sich mit ihrer Aufgabe (was immer sie gewesen sein mag), die

andere schwebte über unserem Gefängnis. Dabei entströmte all diesen Flugobjekten ein grünblauer Strahl. Nachdem ich eine Weile zugeschaut hatte, wurde mir klar, daß es einen Grund für dieses Licht und für das Schweben gab. Sie suchten und identifizierten Individuen. Ich war einer von ihnen. Ich fühlte, wie ich von dem Licht hochgezogen wurde. Dann befand ich mich mit den anderen im Flugobjekt. Einige erkannte ich als Häftlinge, viele kannte ich nicht.

Was alles an Bord geschah, weiß ich nicht mehr, aber ich erinnere mich an vieles. Mir wurde gezeigt, wie eine bestimmte Gruppe von Außerirdischen die AIDS-Seuche für ihre Zwecke benutzte und wie sie die Träger manipulierten, um die Seuche zu verbreiten. Mir wurde ebenfalls gezeigt, wie die Massenmedien benutzt werden, um eine große Anzahl von Menschen zu kontrollieren... Mein Ausbilder war eine Frau mit roten Haaren, und ich erinnere mich, daran gedacht zu haben, daß sie für eine Außerirdische gar nicht so schlecht aussieht. Sie lachte darüber und sagte: "Ich nehme es als Kompliment." Sie konnte meine Gedanken lesen. Sie lachte viel und war sehr freigebig mit ihrer Information. Sie hatte dunkle, sanfte Augen und kleine Zähne mit leicht abgerundeten Spitzen.

Interessant. Die erste Beschreibung außerirdischen Zwischenspiels schildert kurze, kahle, großäugige Wesen. Die obige Begegnung beschreibt Humanoide, vielleicht sogar von der gleichen Art wie in ähnlichen Fällen. Wie bei anderen Kontakten war das großäugige Wesen mehr daran interessiert, Proben zu nehmen und Versuche zu machen. Die Begegnung mit den Humanoiden scheint mehr den Zweck des direkten Kontaktes gehabt zu haben und Informationen zu übermitteln.

Eine Bemerkung, die Leigh machte, schoß wirklich den Vogel ab:

> Ich glaube, eine Gruppe möchte, daß ich weiß,
> was vor sich geht... die andere nicht.

Was passiert hier? Wir stellten der Wesenheit Sasha einige Fragen bezüglich der Experimente in kontrollierbarer Umgebung. Was wir erfuhren, ist bei weitem nicht vollständig, könnte aber ein weiterer Schritt sein, das Wirkungsfeld des Besucher-Rätsels zu verstehen.

***

Sprich bitte über die Entführungen in Gefängnissen. Finden sie wirklich statt?

Sasha: Die Erlebnisse, die ihr Entführung nennt, finden im Gefängnismilieu statt, aber wir möchten sie näher erläutern.

Auf der einen Seite gibt es nicht mehr oder weniger Entführungen bei Gefangenen als wie sonst üblich bei der Durchschnittsbevölkerung. Alle, die diesen Erlebnissen zugestimmt haben, unterliegen diesen Situationen. Es spielt auf dieser Ebene keine Rolle, ob sie im Gefängnis sitzen oder nicht.

Einige der außerirdischen Gruppen, die Beziehungen mit Inhaftierten haben, sind sich nicht bewußt, daß die Insassen von Gefängnissen Teil einer bewachten Gesellschaft sind. Einige wissen es, andere nicht. Es hängt davon ab, von welcher Gruppe gesprochen wird.

Es gibt verschiedene Gruppen Außerirdischer, die sich mit Gefängnisentführungen beschäftigen. Die erste Gruppe (eine Minderheit) sind die wohlmeinenden Zeta Reticuli. Die Person, bekannt als Leigh, hat unter anderem Kontakt zu dieser Gruppe.

Allgemein gesprochen, hängt die Art der Entführung von der Natur deines Bewußtseins ab. Bist du ein furchtsamer

Mensch, so wirst du einen furchterregenden Kontakt anziehen. Suchst du spirituelles Wachstum, so wirst du wohlwollende und gutgemeinte Erlebnisse haben.

Die wohlwollende Zeta Reticuli-Gruppe ist sich bewußt, daß diese Inhaftierten im Gefängnis sitzen. Sie unterhalten zu ihnen Kontakt aus verschiedenen Gründen. Einmal, um Informationen über das menschliche energetische Feld und den menschlichen Emotionalkörper zu sammeln - insbesondere in einer Umgebung mit viel Negativität. Die Zeta Reticuli bringen selbst keine Negativität hervor, sie untersuchen nur deren Auswirkungen.

Zum anderen sammeln sie durch diese Entführungsexperimente genetisches Material innerhalb einer abgegrenzten Umgebung. Es mag eigenartig klingen, aber die Zeta Reticuli suchen nach Mutationen im genetischen Material wegen des Abgeschottetseins der Inhaftierten. Irgendwie stellen sie eine Beziehung her zwischen der in der Vergangenheit erfolgten unterirdischen Isolation ihrer Rasse und den Erfahrungen dieser Inhaftierten. Sie möchten die Anpassung des genetischen Materials dieser Inhaftierten zu ihrer beschränkten Umgebung studieren.

Diese Zwischenbeziehung kann sich ferner für einige dieser Inhaftierten als kleines Geschenk erweisen - besonders wenn die Beziehungen spiritueller Natur sind. Irgendwie verspüren die Zeta Reticuli eine Art von Kameradschaft. Sie erinnern sich der Erfahrung ihrer Abgeschiedenheit in der Vergangenheit. Dies ist ein weiterer Versuch der Heilung. So gibt es sehr viel Austausch mit diesen wohlwollenden Gruppen.

Eine andere Gruppe, die Kontakt mit Inhaftierten hat, ist die Gruppe, die wir die "Daten-Sammler" nennen würden. Sie bestehen hauptsächlich aus neutralen Zeta Reticuli, aber es mögen auch andere Gruppen beteiligt sein. Diese Interaktionen sind rein wissenschaftlich und weder positiv noch negativ. Sie sehen es nicht darauf ab, den Inhaftierten spirituelle Erleuchtung zu bringen. Sie sind aber auch nicht darauf abgestimmt, sie zu manipulieren. Der Kontakt wird ausschließlich zum Datensammeln genutzt. Dies geschieht ebenfalls in der allgemeinen Bevölkerung, findet aber hauptsächlich unter Gefängnisbewohnern statt, und zwar aufgrund der kontrollierten Umgebung.

Andere Gruppen, die Inhaftierte besuchen, sind größerenteils humanoid und bestehen aus verschiedenen Wesen, die von den Leieranern (solche wie die Plejadier) und anderen Humanoiden aus derselben genetischen Linie abstammen. Sie sind höchst wohlwollend von Natur aus, repräsentieren aber nur eine Minderheit. Nur diejenigen Menschen, die offen für diese Art von Kontakt sind, werden mit ihnen in Berührung kommen. Die Verbindung hat nichts mit Experimenten oder Tests zu tun, sondern mit der Übermittelung von Wissen. Normalerweise wird der humanoide Außerirdische, der die Information weitergibt, eine Verbindung zu einer bestimmten Person haben.

Die letzte Gruppe, die wir beschreiben, ist von negativer Natur. Bei den Entführungsfällen in der normalen Bevölkerung spielt diese negative Gruppe nur eine kleine Rolle. In einer kontrollierten Umgebung mit beträchtlicher Negativität, wie sie in Gefängnissen vorherrscht, erhöhen sich die Aktivitäten dieser Gruppe. Sie sind größer als in der Durchschnittsbevölkerung. Der Grund dafür liegt darin, daß viele Furcht und Ohnmacht verspüren, sich als Opfer sehen und deshalb diese Art von Kommunikation oder Kontakt anziehen. Die negativen Außerirdischen umfassen die negativ orientierten Zeta Reticuli (manche nennen sie "die Grauen") bis hin zu jedem Typus des Orion Kontaktes, ganz gleich, ob es sich um physische Beziehungen oder holographische Projektionen handelt. Es gibt ebenfalls andere vermischte Humanoiden, die negativ orientiert sind. Hauptsächlich werden hier Daten über die menschliche Psyche gesammelt, die später vielleicht dazu benutzt werden könnten, die menschliche Rasse zu kontrollieren oder zu beherrschen.

Zum anderen wissen die negativ orientierten Außerirdischen, daß diese Individuen in einer kontrollierten Umgebung leben, und benutzen sie deshalb als Versuchskaninchen. Versuche, die man als unmenschlich ansehen würde, könnten unternommen werden. Die Natur der Einkerkerung bringt es mit sich, daß hier der Prozentsatz größer ist, als in der normalen Bevölkerung.

Alle diese außerirdischen Gruppen sind sich einander bewußt, und es gibt so etwas wie Innenpolitik unter ihnen. Einige versuchen einzugreifen und die Häftlinge von den mehr negativen Gruppen abzuschirmen. Die Negativen mögen versuchen, Kontrolle über einige Häftlinge auszuüben, denn sie glauben, daß jene, wenn in einem Zustand von Furcht gehalten, nicht imstande sein werden, eine wohlwollende Gruppe zu kontaktieren. Wiederum ist dies nur ein kleiner Prozentsatz, aber wir beziehen uns auf das Kräftespiel. Es ist wichtig, sich hier daran zu erinnern, daß alle Menschen, gleich an welchem gesellschaftlichen Platz sie sich befinden, die Realität erfahren, die sie gewählt haben. Jede negative Begegnung kann durch die Kraft des Einzelnen umgepolt werden.

Was ist mit unseren eigenen Mitmenschen, die in den Gefängnissen Versuche anstellen?

Das ist ein anderes Thema, auf das wir hier nicht eingehen wollen. Es kommt aber vereinzelt vor, ist aber nicht die allgemeine Praxis.

Gibt es Methoden oder Vorgehensweisen, die sich alleinig auf das Gefängnismilieu beschränken?

Die Methoden oder Werkzeuge, die während dieser Kontakte benutzt werden, sind nicht verschieden an sich, aber es gibt Besonderheiten. Leigh berichtete über eine Erfahrung, in der ihm gesagt wurde, er brauche nicht ins Gefängnis zurückzugehen. Diese Bemerkung würde niemanden in der Durchschnittsbevölkerung so berühren wie ihn. Weil das Leben unter den Gefängnisinsassen beschränkter ist, werden sie dieses Gefühl der Isolierung untersuchen. Die Negativen werden natürlich dieses Gefühl der Abgrenzung zu ihren Gunsten nutzen. Die mehr positiven Außerirdischen werden versuchen, die Häftlinge innerhalb ihres Umfeldes weniger eingeengt fühlen zu lassen. Das Thema der Beschränkung und Einkerkerung ist sehr weitläufig.

Aus welchem Grunde?

Das Gefängnismilieu kann als mikrokosmische Darstellung eures gesamten Planeten angesehen werden. Es gab viele Gerüchte darüber, daß eure Erde die Strafkolonie der Galaxis ist. Es ist nicht real in dem Sinne, daß jemand so darüber verfügt hat. Dennoch war dies die emotionale Empfindung oder das Gefühl, das euren Planeten im Ganzen umgab. So ist das Gefängnismilieu der Mikrokosmos des gesamten Makrokosmos, der im Massenbewußtsein vorherrscht. Wenn sie daher im Mikrokosmos arbeiten, können sie das größere Muster innerhalb des Makrokosmos erkennen.

Kannst du einige andere Beispiele nennen, wie sich die verschiedenen Gruppen dem Umfeld nähern?

Die Zielscheibe der wohlwollenden humanoiden Gruppen sind jene Individuen, mit denen sie kommunizieren und durch welche sie fündig werden. Das heißt, sie können jeden "sehen", der auf einer bestimmten Ebene schwingt. Eine höhere Schwingung bedeutet, daß das Individuum aus dem Bereich des Opferdaseins herausfällt. Diese Personen gehören zu denen, die sie finden können. Solche Personen suchen sie, denn sie begreifen, daß diese Individuen einen Umschwung oder eine Veränderung innerhalb der gesamten Gefängnisbevölkerung darstellen. Aus diesem Grunde sind sie die Zielscheibe.

Die freundlichen Zeta Reticuli und die Datensammler konzentrieren sich auf die Person, die sie finden können. "Die sie finden können" bezieht sich hier darauf, welche Schwingungs-Kennzeichen in ihrem Computer programmiert sind. Die nächste Frage müßte daher lauten, "Wie werden die Schwingungs-Kennzeichen im Computer programmiert?" Die

Antwortet findet sich in den Kapiteln über vorherige Abmachungen oder auch in der Idee der freiwilligen Mitarbeit auf dem Energiebereich.

Die mehr negativ orientierten Gruppen werden Individuen anpeilen, die sie gerade finden. Hier spielt wieder die Idee "Gleich und Gleich gesellt sich gern" eine Rolle. Diese negativ orientierten Außerirdischen können diejenigen finden, die ihnen am ähnlichsten sind - Menschen, die in Furcht leben, Opfer sind oder die andere ausbeuten.

Was ist mit den mehr menschlichen außerirdischen Gruppen? Welche Motive und Pläne haben sie? Was ist ihre Absicht?

Sie sind die Pioniere der Zukunft. Sie versuchen der Erde zu helfen, sich von sich selbst zu befreien. Sie betrachten die Personen in Gefängnissen als eine Hauptzielgruppe, durch die man helfen kann, die Schwingungen der Erde zu erhöhen. Gelingt es, die Vibrationen innerhalb eines Gefängnisses zu erhöhen, dann wird dies eine Wellenbewegung im Massenbewußtsein auslösen. Es auf Häftlinge abzusehen, mag eine höchst schwierige und herausfordernde Arbeit sein, aber viele meinen, daß es eine sich lohnende und sehr nutzbringende Aufgabe ist.

Hier liegt der größte Einfluß.

Stimmt. Einige dieser Humanoiden, die die Inhaftierten kontaktieren, sind die zukünftigen Bewohner der Erde, die in der Zeit zurückgehen und versuchen, das gegenwärtige Gefängiswesen durch eine Erhöhung des Bewußtseins zu reformieren.

Kennst du einige dieser Humanoiden? Kannst du uns ein Beispiel eines solchen Szenarios geben?

Meine Ausbildung als Kulturingenieurin bestand darin, das Bestrafungssystem eures Planeten zu studieren. Es geschah nicht durch physische Entführung von Häftlingen, sondern durch freiwillige Mitarbeit verschiedener Seelen, die sich auf der Erde inkarnieren wollten. Diese Zwischenbeziehungen fanden meist in ihrem Traumzustand statt. Es gab ein oder zwei Situationen, in denen die Forscher die Zellen einiger Insassen physisch besuchten, um sich mit ihnen zu unterhalten. Dieses wird offensichtlich verheimlicht wegen gewisser Bewertungen, der sich viele Häftlinge unterziehen müssen. Persönlich besuchte ich nie eine Zelle, aber einige meiner Kollegen.

Was kam dabei heraus?

Es gab eine telepathische Kommunikation zwischen den beiden, die auf Emotionen beruhte und den Gefühlen, die die Häftlinge in ihrer Umgebung verspürten - das Aufzeichnen ihrer Wünsche, Hoffnungen und Befürchtungen. Von der Seite des Außerirdischen erfolgte ein Austausch über das, was man vielleicht als kosmische oder spirituelle Information bezeichnen könnte, metaphysische Prinzipien. Dies erlaubte den Häftlingen, ihre Ansichten zu erweitern. Hierüber kann ich nicht ausführlicher berichten, denn es war eine sehr abstrakte Erfahrung und ein sehr abstrakter Austausch. Oftmals werden die Häftlinge in ihrem astralen oder Traumzustand an andere planetarische Orte geführt oder an Bord von Schiffen genommen, wo ihnen Informationen gegeben werden. Manchmal kommunizieren die Außerirdischen mit bekannten Personen auf anderen Ebenen. Dies ist ein freudiges Zwischenspiel, ebenso ein sehr hilfreiches, denn bei ihrer Rückkehr bringen die Häftlinge diese Energie der Freude und Zusammenarbeit mit.

Welches Wissen haben Außerirdische durch ihre Wechselbeziehung mit den Häftlingen erlangt und was gewinnen die Häftlinge, nicht nur im Hinblick auf die spirituelle Erfahrung, sondern woran erinnern sie sich?

Die wohlwollende humanoide Gruppe profitiert von der Wechselbeziehung, weil sie ihre Vergangenheit sehen können, die Zeit nämlich, als sie ein Strafsystem hatten, die Zeit, als sie sich gefangen fühlten. Die Emotionen, die hervorgebracht und ihnen übermittelt werden von diesen großzügigen Häftlingen, sind sehr wertvoll für ihr Wachstum.

Die wohlmeinenden Zeta Reticuli glauben auf einer Ebene, daß sie Daten sammeln über die chemische Evolution des menschlichen Körpers in Zeiten emotionalen Stresses. Sie lernen jedoch mehr als das, denn sie heilen ebenso ihre Vergangenheit durch diese Zwischenbeziehung. Hier ist etwas, das sie noch nicht ganz verstehen konnten.

Die Datensammler sammeln ebenfalls Informationen über die chemische Evolution des Menschen in Streß-Situationen. Sie sind sehr interessiert an der genetischen Evolution. Diese Information ist wertvoll für sie, denn sie ermöglicht es ihnen, in ihrer genetischen Arbeit stärkere Belastungen zu kreieren, um so großem Streß und großen Veränderungen zu widerstehen.

Die negativ ausgerichteten Gruppen haben hier einen sehr interessanten Standpunkt. Sie glauben, daß sie die Häftlingsbevölkerung beeinflussen, und zwar durch das, was man Unterwanderung nennen könnte. Sie sind der Überzeugung, daß sie eure Gesellschaften unterwandern, wenn sie bei den Häftlingen anfangen. Es scheint ein einfacher Weg zu sein. Negative Gruppen versuchen, sich außerhalb ihrer Gruppe zu verbreiten, was Herrschaft über andere bedeutet.

Unterhalten diese Gruppen Überwachungsprogramme für Menschen, von denen sie wissen, daß sie ins Gefängnis kommen werden?

Ja. Wir können jedoch nicht sagen, daß sie auf zukünftige Gefängnisinsassen ausgerichtet sind, sondern einfach Individuen erfassen, die motiviert sind, Verbrechen zu begehen, die zur Einkerkerung führen. Es ist nicht die Inhaftierung selbst, an der sie Interesse haben, es ist vielmehr die emotionale Motivation dieser Zielgruppe.

Sie können also die gleiche Menschengruppe außerhalb wie auch innerhalb eines Gefängnisses finden?

Ja. Sobald man sich im Gefängnis befindet, verändert sich die ganze Situation, man lebt dann ja in einer kontrollierten Umgebung.

Ich würde gern wissen, was diese Gruppen von unserem Strafsystem halten. Erkennen sie sogleich den Zweck der Gefängnisse? Vielleicht würde eine noch fremdere Rasse darin niemals einen Sinn sehen?

Ja. Die humanoiden Gruppen erkennen das Gefängnissystem sofort. Bei den Leieranischen Rassen gab es ganze Planeten, die als Gefängnis benutzt wurden. Die Idee eines Gefängnisses oder einer Bestrafung ist nicht neu.

Einige andere Gruppen, die viel weiter entfernt von diesem Typ des Systems sind, kennen oft nicht einmal dieses Konzept der Isolation. Es gibt ferner einige Gruppen, die, obwohl sie Gefängnisse studieren, sie rätselhaft finden. Sie haben dieses Konzept nicht verstanden. Einige dieser Gruppen verstehen nicht, daß ein Gefängnis eine erzwungene Abschottung ist. Bitte versteht, daß es sich hier um einige der außerirdischen Gruppen handelt, die in einer Realität leben, die sehr verschieden von der eurigen ist. Deshalb verstehen sie die Konzepte wie erzwungene Isolation nicht, die ihr auf eurem Planeten verwirklicht habt.

Gibt es überhaupt eine Beurteilung seitens der Außerirdischen?

Es hängt von der Gruppe ab, von der gesprochen wird. In den weniger entwickelten Gruppen gibt es in gewisser Hinsicht eine Beurteilung. Aber nicht bei den höher entwickelten. Einige Gruppen, die so weit entfernt von eurer Realität sind, können nicht einmal völlig das Konzept verstehen, um es zu beurteilen.

Was verspüren die Häftlinge? Welche Veränderungen haben sich für sie ergeben? Wenn sie dieses Buch lesen, wo würde ihr Verständnis beginnen?

Einige der offensichtlichen Hinweise, besonders in bezug auf die mehr negativ orientierten oder unterentwickelten Gruppen, ist das wiederholte Nasenbluten in der Nacht und ein unerklärliches Gefühl, emotional mißbraucht worden zu sein. Einigen ist eine Zeitspanne verloren gegangen. Da ist ebenfalls ein Gefühl von erhöhter Paranoia; in einem größerem Maß, als normalerweise vom Gefängnismilieu verursacht. Dies sind nur einige der Beispiele.

Was ist mit den mehr positiven Wechselbeziehungen?

Diese würden sich durch ein sich ausdehnendes Bewußtsein zeigen - eine Verringerung von Zorn über die Situation, in der man steckt; vielleicht sogar eine Erinnerung an Träume, in denen Energie oder viele Informationen ausgetauscht wurden. Ein Gefühl von innerem Frieden. Ein Gespür von Bewegung/Wachstum, das vorher nicht vorhanden war, ein Gefühl von Zweck.

Wie steht es mit anderer isolierter Umgebung wie psychiatrische Anstalten zum Beispiel?

In diesen Anstalten wird man den Kontakt ebenfalls finden. Die Parameter, bei denen Kontakt aufgenommen werden oder stattfinden, sind grundsätzlich die gleichen wie beim Gefängnismilieu. Die Bedingungen entsprechen der Gefängnisumgebung fast genau, denn es handelt sich hier um eine Energie der Isolation, selbst wenn es eine innere Isolation ist (wie tiefe Depression oder Catatonia).

Werden psychiatrische Anstalten als einzigartige Gelegenheit angesehen, um einige ungewöhnliche Aspekte der Menschheit zu untersuchen?

Ja. Einige Untersuchungen, die von Außerirdischen in psychiatrischen Anstalten durchgeführt wurden, sind nicht überwältigend, denn sehr oft überschneidet sich die Realität bei den Individuen in diesen Anstalten - es ist eine Interdimensionalität, mit der sie nicht umgehen können. Beim Studium dieser Personen besteht das Wissen, *daß sie die Pio-*

niere der Menschheit sind, die lernen, mit der interdimensionalen Realität umzugehen - eine Fertigkeit, die bald gebraucht werden wird.

So können wir annehmen, daß die Plejadier und andere Humanoiden mehr am Verhalten als an aktueller Neurochemie interessiert sind?

Ja.

Und die Zeta Reticuli bekunden mehr Interesse an der Neurochemie?

Ja. Es wurde bereits erwähnt, daß die Zeta Reticuli sich freiwillig verändert haben, um in der physischen Realität zu verbleiben. Einige Daten, die sie erhalten haben, stammen aus psychiatrischen Anstalten. Sie haben gesehen, wie man auf multidimensionaler Ebene existieren kann und gleichzeitig auf der physischen. Dies hat ihnen Wege eröffnet, physisch zu existieren.

Gibt es hilfreiche Ideen, die den Gefangenen, die mit den negativen Szenarien zu tun haben, überbracht werden können?

Einige wurden bereits in diesem Buch erörtert, aber das wichtigste ist, sich daran zu erinnern, daß die Menschen das anziehen, was ihnen ähnlich ist. Hat jemand negative außerirdische Erlebnisse während seiner Einkerkerung, dann müßte er sich - unseren Erfahrungen nach - diesen Situationen durch Arbeit an seiner Furcht und an der Idee, Opfer zu sein, entziehen. Sobald dies geschieht, können die negativen außerirdischen Erlebnisse nicht fortdauern. Man kehrt immer zum Selbst zurück. Eine Person kann das Erlebnis durch das Loslassen der Idee, Opfer zu sein, verändern.

Wie sieht es bei den Gefangenen aus, die nicht wirklich damit vertraut sind, zwischen Opfer und Befugnis zu unter-

scheiden? Gibt es Symbole, Farben, Töne, Bilder, die hilfreich sein können?

Ja, indem man seine Aura mit blauem Licht umgibt. Das wäre hilfreich für jemanden, der nicht das Konzept des Nicht-Opfer-Seins versteht. Dies wurde bereits in dem Kapitel "Umwandlung des Entführungserlebnis" erörtert. Schließlich muß sich jeder Entführte mit der Idee, Opfer zu sein, auseinandersetzen.

In diesem Kapitel haben wir nur die Spitze eines Eisbergs gestreift. Viele Teilbereiche eurer Gesellschaften sind betroffen oder durch außerirdischen Kontakt beeinflußt. Diese gesellschaftlichen Teilbereiche wurden bisher von der Öffentlichkeit übersehen. Weil es bald viele Enthüllungen über außerirdische Kontakte geben wird, wird es Zeit, zu verstehen, daß solche Erlebnisse jede Gesellschaftsschicht durchdringen. Ihr könnt euch davor nicht abschotten, denn dann zieht ihr diese Erlebnisse an, egal wohin ihr auch geht.

Diese Information wurde euch übermittelt, damit ihr erkennt, wieviele Kontaktebenen es in eurer Gesellschaft gibt. Obgleich individuelle Notizbücher innerhalb jeder Gruppe existieren, ist der höhere Zweck auf die Evolution eures Planeten ausgerichtet. Das ist der Ausgangspunkt. Wir lassen euch diese Information zukommen, um euch zu ermutigen, hinter die Kulissen eurer Gesellschaft zu schauen, in die Ekken, die ihr bisher unbehelligt gelassen habt. Es gibt noch viel mehr zu entdecken.

8. Die metahumane Verbindung

Mehr als alles, was geschehen ist, beschleunigt die humanoide Präsenz (während einer Entführung) die Evolution des Bewußtseins von Entführten. Germane

---

Viele Berichte über außerirdische Kontakte beschreiben die Präsenz von Humanoiden, die in Kooperation mit den Zeta Reticuli Wesen arbeiten. Wer sind diese Humanoide? Welches Interesse haben sie bei dem Entführungsphänomen?

Einige dieser Fragen stellten wir Germane. Es folgen die Antworten und darüberhinaus auch Informationen über zukünftige Verzweigungen als Folge genetischer Experimente auf der Erde seit mehreren Tausenden von Jahren.

***

Warum haben einige Entführte große, blonde Humanoiden an Bord von Raumschiffen bei ihren Entführungen gesehen? Wer sind sie? Welches genetische Muster haben sie? Woher stammen sie? Gib uns eine Grundlage, so daß wir ein Muster erkennen können.

Germane: Im Rahmen eurer begrenzten Klassifizierungsmöglichkeiten versuchen wir, euch ein detailliertes Bild zu geben. 60 Prozent (Durchschnitt) der blonden Humanoiden, die während der Entführung zusammen mit den Zeta Reticuli gesehen werden, kommen aus der Zukunft. Die übrigen 40 Prozent stammen nicht aus der Zukunft, sondern repräsentieren viele andere Szenarios.

Wir möchten das genetische Muster der Humanoiden aus der Zukunft (die 60 Prozent) in folgende drei Kategorien einteilen: Meta-Leieraner, Meta-Plejadier und Meta-Terraner.

Zu welchem Prozentsatz gehören sie?
Zu der Gruppe mit den 60 Prozent.

Was bedeutet "Meta"?
"Meta" bedeutet "jenseits von". Jenseits der Leieraner, jenseits der Plejadier, jenseits der Terraner (Erde). Mit anderen Worten, die genetische Erbanlage oder Abstammung dieser Wesen kommt von den Leieranern, Plejadiern oder Terranern. Ihre eigene evolutionäre Entwicklung hat sie jenseits von dem getragen, was von gegenwärtigen Kontakten bekannt ist. In erster Linie können diese Wesen Energie und Materie in einer fließenderen Art manipulieren, als die jetzigen Wesen.

Was meinst du mit "Energie und Materie" manipulieren?
Sie können ihre eigene Gestalt sehr leicht aus Energie in Materie verwandeln. Sie können ihre eigenen Schwingungsfrequenzen manipulieren.

Wir sprechen also darüber, daß sie die Fähigkeit besitzen, sich in der dritten Dimension zu verdichten?
Ja, das ist für sie sehr leicht.

Sie können ihre Vibrationen verändern, aber nicht notwendigerweise ihre Gestalt?
Sie verändern nicht unbedingt ihre Gestalt, aber sie können eine Vibrationsfrequenz aussenden, die dir als Beobachter etwas anderes zeigt, als was sie in Wirklichkeit sind.

Liegt das an ihrer vierdimensionalen Ebene oder an ihren persönlichen Talenten und ihrer Schulung?

Ein bißchen von jedem. Dies ist eine Fähigkeit der vierten und nicht der dritten Dimension. Aber es hat ebenfalls etwas mit diesen besonderen Wesen zu tun, und welche Aufgabe sie gewählt haben. So hatten sie die Möglichkeit, sich auf diese Fähigkeiten zu konzentrieren.

Haben sie eine Gruppen-Identität? Hängen alle Meta-Leieraner, Meta-Plejadier und Meta-Terraner miteinander zusammen?

Sie sind eine Gruppe. Die Klassifizierung gilt nur für *dich* und ist nicht repräsentativ dafür, wie sie sich selbst sehen. Aus ihrem Gesichtspunkt (dem der Zukunft) sind sie alle eine Rasse.

Arbeiten sie, aus ihrer Sicht, alle für das gleiche Ziel?

Ja. Ihre Realität ist sehr eng miteinander verbunden; ebenso ihre Ansichten. Sie verspüren individuelle Erregungen, erkennen aber, wie alles zusammenhängt.

Die anderen 40 Prozent, die wir erwähnten, stellen entweder die gegenwärtigen Plejadier, Leieraner oder hybriden Rassen dar. Mit hybrid meinen wir nicht die Hybriden, an denen die Zeta Reticuli arbeiten. Wir beziehen uns mehr auf die Kreuzungen - Kreuzungen zwischen Leieranern/Plejadiern und anderen Unterrassen. Einige sind Kreuzungen zwischen Plejadiern und Erdenmenschen. Wir können euch kaum Kategorien nennen, die innerhalb dieser 40 Prozent liegen, denn es ist ein Schmelztiegel.

Die Differenz ist die, daß jene, die aus der Zukunft kommen, genetisch mehr integriert sind als die gegenwärtigen Wesen.

Welche Unterschiede bestehen bei den zwei Gruppen - falls es sie überhaupt gibt - in ihren Absichten, und worin sehen sie ihren Zweck?

Wir werden die Meta-Leieraner, Meta-Plejadier und Meta-Terraner einfach als "Metahuman" bezeichnen. Die Absicht der metahumanen Gruppe ist es, die Evolution zu stimulieren. Man könnte sie die Ingenieure der Evolution nennen.

Die Absicht der gegenwärtigen 40-Prozent-Gruppe variiert für jede Gruppe. Hier spielt meistens der Kontakt eine Rolle. Es kann sich um genetische Untersuchungen handeln oder um die Erfüllung von Übereinkommen eines zukünftigen Selbst mit seinem vergangenen Selbst. (So wie ein Plejadier sein oder ihr vergangenes Selbst auf der Erde besucht.) Der Zweck ist für jedes Individuum verschieden.

Warum finden diese Wechselbeziehungen statt?

Die metahumane Gruppe aus der Zukunft hat verschiedene Agenden, aber sie sind alle miteinander verwoben. Das hat mit dem Stimulieren der Energie des Einzelnen oder des Massenbewußtseins einer Gesellschaftsform zu tun, um den evolutionären Prozeß in Gang zu setzen - um den Sprung zu tun. Sie sind bekannt geworden als jene, die aus der Zukunft kommen, und die die Schöpfung der asiatischen Rasse auf eurem Planeten in die Wege leiteten. Sie werden ebenfalls anwesend und aktiv sein, wenn die Zeta Reticuli ihre genetischen Probleme lösen. Sie werden ebenfalls anwesend und aktiv sein, wenn die Zeta Reticuli ihre aussterbende Linie verlassen und in der neuen Rasse aufgehen, die sie durch ihre hybriden Experimente schaffen.

Auf der persönlichen Ebene haben diese Humanoiden bei den Entführungen mehrere Aufgaben. Die Metahumanen sind der Verbindungskanal zwischen dem menschlich Festgehaltenen und dem Bewußtsein der Zeta Reticuli, mit dem der Mensch eine Wechselbeziehung eingeht. Sie stellen das Einfühlungsvermögen dar. Die Zeta Reticuli wissen nicht, was Emotionen sind (und werden sie auch in Zukunft nicht verstehen), aber sie haben den Wert von Wesen mit Einfühlungsvermögen kennengelernt, die ihnen das vermitteln, was der Mensch fühlt. Die Humanoiden nehmen die emotionalen Regungen vom Menschen auf, bringen sie auf einen Nenner, den die Zeta Reticuli identifizieren können und kanalisieren diese Gefühle durch sich, so daß die Zetas sie begreifen.

Sprechen wir über das ganze Gedankenspektrum oder nur über bestimme emotionale Teilbereiche?
Über gewisse Teilbereiche von Emotionen.

Es gibt viele Fälle, in denen der Austausch zwischen Zetas und Entführten sehr gut ist.

Stimmt, es ist eine sehr feine Art von Kommunikation. Es kann ebenfalls eine Kommunikation sein, die man als Unterhaltung bezeichnen könnte und nicht als gefühlsmäßigen Austausch.

Etliche Fälle haben gezeigt, daß die Entführten sich bei den humanoideren Außerirdischen wohl fühlen. Liegt es an deren menschlichen Eigenschaften?
Nicht nur wegen der menschlichen Eigenschaften; Tiere in eurer Welt fühlen instinktiv, wenn andere Kreaturen genetisch mit ihnen verwandt sind. Der Mensch weiß um die direkte und starke Verbindung zu diesen metahumanen Wesen. Zu den Zeta Reticuli verspürt er nicht die gleiche Art von Verbindung. Hier spielt die Vertrautheit eine Rolle. Das physische Aussehen fördert das Wohlbefinden des Entführten.

Ist bei jeder Entführung der Zeta Reticuli ein Humanoide anwesend, und gehört er zu der 60prozentigen oder zu der 40prozentigen Gruppe?
Nein, nicht bei jeder Entführung.

Es gibt also Entführungen, bei denen nur die Zetas zugegen sind?
Ja.

Was bestimmt die Gegenwart eines Humanoiden?
Es hängt vom Projekt ab, das durchgeführt wird. Im allgemeinen sind die Zeta Reticuli die Initiatoren des Projektes, und sie sind es, die beschließen, welche Wesen für welche Aktionen anwesend sind. Die weniger entwickelten Zeta Re-

ticuli werden in 99 Prozent der Fälle keine Anwesenheit eines Metahumanen wünschen. Je mehr sich das Bewußtsein der Zetas entwickelt, um so mehr werden sie nach der Gegenwart dieser Wesen verlangen.

So ist das gegenwärtige Verhältnis sehr klein.

Ja, aber es wächst. Es hängt wiederum von der Ausrichtung der Zeta Reticuli ab, mit denen wir es zu tun haben. Zur Zeit besteht ein Konflikt zwischen der negativ orientierten und der wohlwollenden, liebevollen, hellen Seite - sowohl als auch mit denen, die dazwischen liegen. Die Erfahrung ist wirklich einzigartig für jede experimentierende Zeta Gruppe.

Wie fing es an? Wer setzte es in Gang?

Kein Zeta würde jemals eingestehen, daß sie Gefühle empfinden. Aber man könnte sagen, daß Zeta-Gruppen sich mehr und mehr enttäuscht sehen durch die Kluft, die zwischen ihnen und den Menschen besteht, mit denen sie in Kontakt kommen. Das führte zu der Erkenntnis, daß sie einen Kanal brauchten. Sie nahmen dann Verbindung zu einigen der Leieraner/Plejadier-Untergruppen auf, damit sie ihnen behilflich sein konnten. Daraus wurde ein tiefgründiges Forschungsprojekt für beide, für die Metahumanen und die Zeta Reticuli, die ihre persönliche Evolution sehr schnell beschleunigten. Es war tatsächlich die Erkenntnis - ihr mögt es Enttäuschung nennen - daß sie nichts erreichten, was sie veranlaßte, in anderer Richtung Unterstützung zu suchen.

Gib ein Beispiel, um zu illustrieren, wie das geschah. Auf welchem Wege hat die Raumschiffsbesatzung (oder die Befugten im Netzwerk der Zeta Reticuli) jemanden um Hilfe gebeten?

Erstens gibt es eine Vereinigung von Welten, deren Basis aus gleichgesinnten Gruppen besteht. Sie stellt die Mutterorganisation dar. Dann gibt es Tochtergesellschaften, die mit der Vereinigung zusammenhängen, und dann gibt es mehr revolutionäre Gruppen, die ihre eigene Art von Vereinigung haben. Diese Gruppen stehen in keinem Konflikt zueinander. Sie mögen nicht einverstanden sein mit dem, was der andere tut, aber sie geraten nicht in Streit. Die Zeta Gruppen treffen in ihren Zirkeln auf einige revolutionäre Nebengruppen, und sie kennen bestimmte Individuen innerhalb dieser Gruppen, von denen sie Unterstützung suchen.

Wie würden sie um diese Unterstützung bitten und wie erfolgte sie?

Dieses Ersuchen erfolgt telepathisch. Die Konzepte werden als telepathischer Impuls oder Gedankenball ausgesandt und von allen Individuen aufgefangen, an die der Impuls gerichtet wurde. Diejenigen, die sich angesprochen fühlen, werden dem Ruf folgen.

Welche Konzepte wurden benutzt, als die Verbindung entstand? Was "sagten" die Zetas?

Hier geht es nicht so sehr darum, was sie sagten. Das übermittelte Konzept lautete: "Unsere Rasse stirbt aus. Auch eure Rasse wird aussterben, wenn wir nichts dagegen unternehmen." Die Zetas spielten nicht mit der Furcht der Humanoiden, auszusterben, sondern das Konzept war logisch verpackt.

Die rebellierenden Gruppen verstanden den Wert der Zusammenarbeit, nicht nur um das gesamte Genmaterial zu erweitern, sondern auch, um mehr Wissen zu erlangen.

Angenommen, es gibt eine Gruppe von Plejadiern, die hier die Aktivitäten der Zeta-Gruppe beobachten und versuchen, mit den Zetas Verbindung aufzunehmen, um ihre Vorgehensweise zu ändern oder zu unterbinden. Sie bieten an, die Zeta Reticuli an Bord zu unterstützen, indem sie ihnen auf effektivere Art und Weise das geben, was sie benötigen. Zur gleichen Zeit gehen sie in einer sanfteren und mehr früchtetragenden Weise vor.

Das ist eine richtige Annahme, und dieses Beispiel gilt mehr für die zukünftigen Metahumanen als für die 40-Prozent-Gruppe.

Welchen Gewinn ziehen die Zeta Reticuli daraus, wenn Humanoiden während der Zwischenbeziehung mit uns anwesend sind?

Sie können vieles gewinnen. Einmal können sie die Menschen und Metahumanen beobachten und ihr Verhalten vergleichen. Auf diese Weise haben sie viele Informationen erhalten. Wir können das nicht genug betonen. Diese Wechelbeziehung hat ihnen den Durchbruch zum Verständnis von Frequenzen und dem Emotionalkörper verschafft. Indem sie den Unterschied sehen zwischen Menschen und Metahumanen, berühren sie auf realere Weise ihre Vergangenheit als jemals zuvor. Das war zu Beginn sehr wichtig für sie.

Ein weiterer Grund hat mit dem zukünftigen genetischen Projekt zu tun, das auf der Erde noch nicht in Angriff genommen wurde. Irgend wann fingen die Festgehaltenen an, ihnen Widerstand entgegenzusetzen - sie erwachten und durchbrachen ihre Erstarrung. Waren sie erwacht, wurde es eine traumatische Erfahrung. Dies störte die Zetas. Sie begriffen, daß es bei Anwesenheit von Humanoiden nicht so traumatisch ablaufen würde. Wieder hatten sie recht. Mehr als alles andere hat die humanoide Gegenwart (während der Entführungen) die Evolution des Bewußtseins Entführter beschleunigt.

Welchen Gewinn ziehen die Humanoiden aus dieser Übereinkunft?

Versteht, daß wir hier wieder allgemein sprechen müssen, denn jede Gruppe hat ihre eigenen Wünsche. Sie suchen immer nach Wegen, um ihre Vergangenheit zu korrigieren. Die Humanoiden sehen es als einen Weg an, den Menschen das zurückzugeben, was sie der Erde vor tausenden von Jahren genommen zu haben glauben.

Wir rechtfertigen dies nicht. Wir teilen euch einfach mit, was sie fühlen. Versteht ihr, was wir sagen wollen? Es ist eine Art, hilfreich zu sein, ohne sich direkt einzumischen. Sie verwandeln die Einmischung in Evolution - so sehen sie es.

Geschieht diese Art von Entführung in der ganzen Galaxis?

Nein.

Es ist also einzigartig, daß uns eine andere Gruppe in der Nacht entführen kann. Diese Humanoiden müssen es wegen unserer verzerrten Vergangenheit - unserer mißbrauchten Rassen-Kindheit - so sehen... Deshalb wollen sie sich ohne Einmischung einschalten, um uns etwas zu geben, was wir entbehren.

Ja.

Auf diese Weise können sie sich einmischen, ohne uns zu entmachten oder uns in diesem Zustand zu belassen.

Ja. Es gibt auch einen persönlichen Grund für jedes betroffene Individuum, aber als Ganzes - so glauben die Humanoiden - geben sie euch als Ausgleich ein Geschenk.

Was geschieht, wenn ein Mensch an Bord eines Zeta Reticuli Raumschiffes gebracht wird, auf dem ein Humanoid anwesend ist. Ist es nur einer? Ist er männlich oder weiblich?

Manchmal sind mehr als einer da, und sie können entweder männlich oder weiblich sein. Die Einstellungen des an Bord genommenen Menschen bestimmen, wer anwesend ist. Sie können durch ein sehr kurzes Energie-Scanning entdeckt werden. Einige fühlen sich sicherer mit weiblichen, andere mit männlichen Personen.

Wie kommen die Metahumanen rechtzeitig zum Treffpunkt mit den Zetas und dem Menschen? Durch Teleportation?

Sie befinden sich alle auf dem Zeta Raumschiff. Da ist zum Beispiel ein Zeta Schiff mit einer Zeta Besatzung. Unter der Besatzung befindet sich ebenfalls ein Metahuman. Die individuellen Wesen, die mit einem bestimmten Entführten zusammenkommen, werden unter der Besatzung ausgewählt, sobald der Entführte an Bord kommt.

So gibt es also einen ständigen Pool von metahumanen Talenten auf dem Raumschiff, aus dem einer oder zwei bei einer bestimmten Entführungsaktion mitarbeiten. Könnten sie ebenfalls von ihrem nahen Missions-Schiff stammen?

Diese Möglichkeit besteht ebenfalls. Sie sind nah; in Zeit und Raum. Wir könnten sagen, daß es einen Pool von Individuen gibt, der zur Hauptmannschaft gehört. Daraus werden sie ausgewählt.

Was geschieht, wenn eine Person an Bord gebracht wird?

Um deine Frage zu beantworten, hier ein Szene. Sie wird vereinfacht dargestellt, weil das Erlebnis viel abstrakter ist. Es wird ein Mensch hereingebracht, den man in einen Stuhl oder auf einen Tisch setzt. Die Zeta Wesen, die die Untersuchungen ausführen, sind hauptsächlich Wissenschaftler. Während dieser Zeit verbindet sich die metahumane Mannschaft einfühlsam mit dem menschlichen Unterbewußtsein und folgt dem Fluß der Emotionen und seinen mentalen Bildern.

Oft versuchen diese Metahumanen, ein Gefühl von Stabilität mit der emotionalen Energie beizubehalten. Aber manchmal sind sie dazu nicht in der Lage, und der Mensch erwacht. Zu diesem Zeitpunkt ist es ihre Aufgabe, sich zu zeigen, was natürlich einen beruhigenden Einfluß hat. Manchmal legen sie ihre Hände auf den Menschen - auf die Stirn oder die Hand. Sie können telepathisch oder physisch beruhigend auf den Menschen einwirken. Wie immer der Fall liegt, ihre Absicht ist es, den Festgehaltenen zu beruhigen und es ihm bequem zu machen.

Während dieser Art von Wechselbeziehung beobachten die Zetas die Kommunikation zwischen dem Metahumanen und dem Menschen und sammeln Daten, die sie ihrer Informations-Bank hinzufügen. Dies als Beispiel.

Würde dieselbe Szene zu der 40prozentigen Gruppe passen, die nicht aus Metahumanen, sondern aus gegenwärtigen Humanoiden besteht?

Es gibt hier viel mehr Unterschiede. Es könnte sein, daß einige dieser humanoiden Gruppen euch durch das Raumschiff führen, über ihre Welt sprechen und mehr körperlich anwesend sind. Es kann ebenfalls sein, - es hängt von der Szene ab - daß sie dem Menschen Fragen stellen; nicht so sehr wegen der Daten, sondern um herauszufinden, wie ihr die Realität seht.

In dem Fall Betty und Barney Hill zum Beispiel fragten die Zetas: "Was ist gelb?" Betty vesuchte zu beschreiben, was gelb war. Das war eine Frage über die Wahrnehmung. Sie würden u. a. verschiedene Leute fragen, was gelb ist und auf die Differenzen in den Antworten achten.

Die Kommunikation mit dieser 40-Prozent-Gruppe ist direkter und von Angesicht zu Angesicht. Mit der 60-Prozent-Gruppe, den Metahumanen, kann sie mehr symbolisch, archetypischer und energetischer sein.

Vermischen sich die 40-Prozent-Gruppe (Humanoiden) und die 60 Prozent Gruppe (Metahumanen) jemals?

Das hängt von der Situation ab. Normalerweise nicht. Aber es mag Individuen aus der 40-Prozent-Gruppe geben, die eine beschleunigte oder eine entwickeltere Art von Beziehung wünschen. Sie dürfen dann mit der Gruppe aus der Zukunft arbeiten. Es hängt von der Zielrichtung des Metahumanen ab. Das Benennen und Einteilen in Kategorien fällt uns schwer.

Welche Art von Verständigung besteht zwischen den vermittelnden Humanoiden und den Zeta Reticuli?

Die Verständigung erfolgt telepathisch - nicht tele*m*pathisch im Sinne von emotionaler Kommunikation. Es ist eine mentale Kommunikation.

Hier würde ihre Ausbildung eine Rolle spielen.

Stimmt. Die Metahumanen müssen Fähigkeiten in beidem besitzen, in Telempathie und Telepathie.

Die Menschen sind von Natur aus telempathisch, aber nicht so begabt für Telepathie?

Ja. Hierauf zielt die Ausbildung der Metahumanen. Die Kommunikation wird jeder Situation angepaßt. Ein Beispiel ist, daß der Metahumane den Zetas mental die Lebenszeichen des menschlichen Festgehaltenen übermittelt. Es können aber auch Informationen sein wie: "Zu diesem Zeitpunkt geht der Mensch innerlich durch das Angst-Szenario eines Atomkrieges." Auf diese Weise können die Zetas erstens die innere emotionale Erfahrung des Menschen messen und zweitens die körperliche Reaktion.

Klären sie ebenfalls die Identifikations-Strukturen des Festgehaltenen wie das Unterbewußtsein, das Unbewußte und das Bewußte? Die Zetas sind nicht sehr geschickt darin, diese Seinsstufen zu erkennen.

Stimmt. Der Metahumane mag zum Beispiel sagen: "Der Mensch verspürt aus dem Unterbewußtsein heraus einen gewissen Grad von Angst, über den er im bewußten Zustand nichts weiß." Auf diese Weise können die Zetas lernen, die verschiedenen Spaltungen der menschlichen Bewußtseinsebenen zu erkennen.

Laßt uns über den Entführten sprechen. Kannst du ihm einen Rat geben für den Fall, daß er während einer Entführung auf einen Metahumanen trifft?

Trifft dieser Fall ein, dann soll er das Beste daraus machen und - vorausgesetzt, er ist dazu imstande - selbst die kleinste Information und Kommunikation aus ihm herausholen.

Gibt es Fälle, in denen negativ orientierte Humanoiden mit den Zetas bei Entführungen zusammenarbeiten?

Innerhalb der 40-Prozent-Gruppe gibt es einen kleinen negativ orientierten Prozentsatz von Humanoiden. Dieser Fall würde eintreten, wenn die Zetas selber negativ ausgerichtet wären. Das ist sehr selten. In diesem Fall wäre der anwesende Humanoide kein Metahuman, sondern Teil einer weniger entwickelten Spezies, die, obwohl humanoid, nicht der eigenen Evolution den Vorrang einräumt. Das ist äußerst selten.

Wirken die anderen Humanoiden (Leieraner und Plejadier) in diesem Fall dann als Beschützer? Helfen sie dem Menschen?

Das ist schon geschehen, aber manchmal unterbleibt es wegen des Nichteinmischungskodexes.

Wie bekannt, haben sich die Außerirdischen mit dem Konzept der Nichteinmischung auseinandergesetzt. Siehst du, daß jemand gekidnappt wird und vermutest du, daß der Gekidnappte ein Opfer ist, dann mußt du annehmen, daß diese Person nicht ihre Realität bestimmt. Bist du dessen sicher, dann magst du sie aus deinem Verantwortungsgefühl heraus retten. Sobald du aber verstehst, daß sich alle Wesen ihre Realität schaffen (ob sie sich dessen bewußt sind oder nicht), dann fragst du dich: "Soll ich eingreifen? Ist mein Eingriff Teil der beiderseitigen Wahl, die der Gekidnappte oder ich getroffen haben? Es hängt von der jeweiligen Orientierung der Metahumanen ab, ob die Negativen auf diese Weise konfrontiert werden.

Und manchmal intervenieren sie als Teil der Vereinbarung....

... und manchmal nicht. Es hängt von den persönlichen Umständen ab.

Kannst du etwas über den Hintergrund der orientalischen Rassen sagen?

Hier ist eine kurze Erklärung zum Verständnis, wie lange an dem genetischen Projekt während der Entwicklung eurer Erde gearbeitet wurde, wohin es führt und welche Bedeutung es hat. Wir haben bereits über die Entwicklung eures Planeten gesprochen und auch darüber, wie eure Vorväter versuchten, eine ausgewogene, friedvolle Gesellschaft zu schaffen. Wegen der Vielfalt innerhalb dieser Gesellschaft wurde niemals Frieden erreicht.

Als die Saat auf der Erde ausgesät wurde, sollte die Erde ein Planet des Friedens werden - die Absicht war, einen Ort der Integration zu schaffen. Die ursprünglichen Rassen, denen es erlaubt worden war, sich auf der Erde zu verbreiten, sind noch immer vorhanden, bis auf die orientalischen Rassen. Wir unterbrechen hier und überspringen Jahrtausende.

Die Vereinigung der Welten und die ursprünglichen Vorväter eures Planeten (einige von ihnen haben sich jenseits der Physikalität entwickelt) schauten auf die Wahrscheinlichkeitslinie zurück, die durch ihre genetische Arbeit entstanden war. Sie sahen, daß die Einheit und die Integration, die sie gewünscht hatten, nicht funktionierte. Sie mußten an den Anfang zurückkehren und etwas hinzufügen, das die Wahrscheinlichkeit, auf die ihr euch zubewegtet, verändern würde. In jener Zukunft kontrollierten bestimmte Gruppen das Projekt auf der Erde. Diese Gruppen (ein gemeinsames Projekt zwischen den zukünftigen Zeta Reticuli und den Metahumanen) gingen in der Zeit zurück auf eure Erde. Sie fügten eurer Evolutionslinie die Genetik, die die Schöpfung der asiatischen Rassen hervorbringen würde, hinzu.

Betrachtest du die Charakteristik der asiatischen Rassen, dann wirst du eine weniger große Vielfalt bemerken. Die Ausrichtung auf Individualität fehlt hier. Es gibt dort auch eine Art von tiefer und fester innerer Spiritualität (wie man aus den östlichen Religionen ersehen kann). Dieses waren die benötigten Schlüsselelemente, um die mögliche Wahrscheinlichkeit hervorzubringen, die auf der Erde gewünscht wurde.

Der Zeit-Track, auf dem ihr euch befindet, unterscheidet sich von dem früheren. Jetzt wird eure Vielfalt euch nicht zerstören. Jetzt ist ein Faktor in die Evolution eures Planeten hinzugekommen, der es euch ermöglicht, alle eure Überzeugungen und Genetik in ein einziges, festes, dauerhaftes Rassenbewußtsein zu integrieren.

Die asiatischen Rassen haben einige außergewöhnlich negative Eigenschaften gezeigt.

Es gibt extrem negative Eigenschaften in allen Rassen. Aber ebenso gute.

Woher kommt die Neigung, sich aus politischen Gründen zu entvölkern?

Sie stammt aus der Idee, daß sich alle als eine einzige Wesenheit sehen. Deshalb repäsentiert eine Person nicht ein Individuum. Dies reflektiert den mehr beherrschenden Gruppenaspekt. Eine Person wird nur als Teil des Ganzen angesehen und kann zum Wohl des Ganzen geopfert werden.

Wenn zum Beispiel dein Bein verwundet ist und du es nicht mehr benutzen kannst, dann ziehst du es entweder hinter dir her oder entfernst es, wenn es dir ein Hindernis ist. Wir rechtfertigen nicht das, was geschehen ist, wir versuchen lediglich, dir das Grundprinzip zu erklären, daß die archetypische asiatische Geisteshaltung die Einheit und nicht die Individualität hervorbringen würde.

Die positiven und negativen Eigenschaften aller Rassen werden letztendlich ins Gleichgewicht kommen. Zur Zeit müssen sie freigesetzt werden, damit die zum Gleichgewicht führende Energie ausgedrückt werden kann.

Wenn du über die Schöpfung einer Rasse auf der Erde sprichst, heißt das, daß das physische Erscheinungsbild dasgleiche sein wird?

Nicht notwendigerweise.

Werden wir zum Beispiel die Unterschiede in der Hautfarbe verlieren?

Wir sprechen mehr über die Geisteshaltung. Es gibt immer rückläufige Gene, die hervorbrechen werden. Weil du bist, wer du bist, wirst du immer eine Variation in der Tönung deiner Haut, den Haaren und Augen haben. Wir sprechen mehr über eine Vereinheitlichung der Geisteshaltung der Rassen.

Was ist aus dieser Sicht, der Unterschied zwischen einem Meta-Terraner und einem Essassani?

Er ist nicht groß. Meta-Terraner würden mit Terra-Erde identifiziert werden. Sie werden nicht den gleichen Typ von Gen-Manipulationen oder Versuchen aufweisen wie die Essassani während ihrer Erschaffung.

Sind die Essassani nicht Teil der 60-Prozent-Gruppe? Spielen sie als Humanoide eine Rolle bei den Entführungen?

Einige schon, wenn diese Idee sie anspricht, aber es ist kein beliebtes Essassani-Projekt.

Die Ähnlichkeit liegt in der Geisteshaltung. Die Essassani betrachten sich als ein Volk. Die Meta-Terraner sehen sich als ein Volk. Es gibt Gemeinsamkeiten in der Geisteshaltung der Rassen.

Stimmt es, daß die Meta-Terraner und die Essassani sich nicht als ein gemeinsames Volk betrachten?

Um solch einen Unterschied zu machen, müßte man weit in die Vergangenheit zurückgehen. Die Essassani tun dies nicht.

Diese Eigenschaft würde uns als Erdenmenschen kennzeichnen. Das Unterscheidungsmerkmal ist, daß wir unsere Geschichte wahrnehmen. Mein Gefühl sagt mir, daß die Meta-Terraner, über die du spricht, sehr weit in die Zukunft gehören.

Ja. Zwischen 2.000 und 10.000 Jahre.

Ich glaubte nicht, daß es bis dahin Menschen geben würde.

Einige werden "Gefäße" für Bewußtheit werden wollen. Es ist ein anderer Lebensstil und eine andere Existenz.

Ich vermute, daß Spezies Uhren haben, ähnlich einem physischen Körper, die ihnen vorgeben, wie lange sie überleben.

Der Metahumane ist sehr weit vom Homo sapiens entfernt. Die Uhr wird für den Homo sapiens stehengeblieben sein.

Ist das eine natürliche Metamorphose? Oder wurden hier zusätzliche DNA Codes von den außerirdischen Gruppen hinzugefügt?

Wenn zusätzliche DNA Codes von anderen Gruppen eingefügt werden, dann kann das als natürliche Metamorphose bezeichnet werden, denn es ist ein ganz natürliches Verfahren. Die genetische Manipulation von Spezies ist natürlich in dem Sinne, daß sie seit jeher vorgenommen wird. Eine veränderte Metamorphose kann stattfinden, aber sie würde länger dauern. Diese Metahumanen können als Spezies angesehen werden, die sehr weit in die Zukunft reichen.

Es würde sehr schwierig sein, sich mit dieser Spezies zu identifizieren, nicht wahr?

Ja, außer auf der zweidimensionalen Ebene. Man kann noch nicht alle Feinheiten erkennen. Eure Realität besitzt nicht die Konzepte.

Würde ein Entführter die gleiche Verbindung ziehen zwischen einem Meta-Terraner und einem Essassani?

Im allgemeinen fühlen sie eine stärkere Verbindung zu den Meta-Terranern. Hier spielt wieder die genetische Erkennung eine Rolle.

Es gibt viele, die gegen Entführungen und genetische Versuche protestieren. Diejenigen, die protestieren, fühlen sich als Opfer. Diejenigen, die sich nicht als Opfer fühlen, werden sich nicht dagegen auflehnen. Kannst du uns folgen? Der Akt des Protestes bedeutet, daß irgendwo das Gefühl, ein Opfer zu sein, besteht.

Auf eurem Planeten wird es jetzt Zeit zu erkennen, daß euch *nichts, was* aus anderer Quelle stammt, angetan werden kann. *Ihr seid die Quelle, die alle eure Erfahrungen hervorbringt.* Ihr seid jetzt an der Verbindungsbrücke angelangt. Diese Brücke führt euch in die zukünftige Evolution auf der Erde. Wenn die Zeta Reticuli und all die anderen Außerirdischen jetzt euren Planeten verließen, würde die Zukunft dennoch eintreffen. Es ist euch bestimmt, euch weiterzuentwickeln. *Es ist euch bestimmt, die Spezies zu werden, die seit langem erwartet wird.*

Euer Widerstand und eure Angst werden nur die Evolution hinauszögern. In den alten Tagen eurer Erde hatte die Menschheit, die ausstarb und den Weg für eine entwickeltere Version bereitete, die gleichen Emotionen, die ihr heute habt - die Furcht vor der Auslöschung. Dies ist eine Furcht, die euch verändert und euch nicht erkennen läßt, was ihr seid. Es ist eine ganz natürliche Furcht. Der einzige Weg, Frieden trotz dieser Furcht zu finden, ist, *dem natürlichen Prozeß der Evolution zu vertrauen.*

Vertraut eurer persönlichen Evolution jeden Tag ein wenig mehr. Ihr werdet innerhalb eurer Lebensspanne den definitiven Beweis für den Sprung erhalten, der euch alle zu der erwünschten zukünftigen Evolution tragen wird.

9. Der erste Kontakt

Weil ihre Realität eurer so fremd ist, könnt ihr zur Zeit ihre Energie nur auf der archetypischen Ebene synthetisieren.

Sasha

Vor uralter Zeit, in der Erinnerung der Vorväter, waren unsere Träume und Visionen real. Wir führten unsere Leben, zogen Kinder groß und jagten nach Nahrung. Neben diesen Lebensbedürfnissen besaßen wir eine reiche Spiritualität, die auf inneren Symbolen beruhte. Überkam einem Lernenden eine schamanistische Vision, dann *wußte* er, daß die Erfahrung symbolisch und nicht buchstäblich zu nehmen sei. Er wußte auch, wie er diesen archetypischen Symbolismus sinnvoll für sein Leben zu interpretieren hatte. Indem er diesen Erfahrungen erlaubte, Gültigkeit anzunehmen, bestätigte er das Vorhandensein anderer Bewußtseinsebenen und suchte sie ins Gleichgewicht mit seinem erwachenden Selbst zu bringen.

Irgendwo auf diesem Weg haben wir angefangen, unsere innere Welt außer Kraft zu setzen. Der Weg eines Schamanen - gemäß des augenblicklichen westlichen Standpunktes - ist der Weg der Heiden. Für die westliche Welt sind diese armen Heiden Wilde, die eines Tages irgendwann "zivilisiert" werden. Was aber, wenn wir aus dem Westen diejenigen sind, die unser wahres Menschsein verloren haben? Was ist, wenn diese innere Welt der Symbole bedeutend ist für das menschliche Experiment? Die Frage müßte dann lauten:

"Was geschieht, wenn wir die innere Welt der Visionen und des Symbolismus unterdrücken?"

Vielleicht muß diese innere Welt dann andere Wege finden, um sich auszudrücken und auf verborgene Weise in unser tägliches Leben einfließen. Je "zivilisierter" wir wurden, um so unerklärlicher wurden die Phänomene in unseren Realitäten. Es ist möglich, daß wir das Besucher-Phänomen angezogen haben (wie auch andere unerklärliche Dinge), um die unterdrückte Energie aus unserer inneren Welt des Unbewußten freizusetzen.

Was folgt, ist ein Dialog mit Sasha, die uns über Kontakt-Programme, die auf anderen Sternensystemen stattfanden, informiert. Sie gibt hier zwei Fälle von entgegengesetzten Polaritäten wieder - eine Gesellschaft, die außerirdischen Kontakten gegenüber offen war und die andere nicht. Später wird sie über die Auswirkungen sprechen, die der menschliche Kontakt auf die Psyche der Zeta Reticuli hat.

***

Sasha: Die Methoden, durch die eure Zivilisation Kontakt mit den Rassen wie den Zeta Reticuli aufgenommen hat, sind einzigartig und ein Produkt eurer eigenen Entwicklung hier auf der Erde. Euer Kontakt mit den Zeta Reticuli ist - zum gegenwärtigen Zeitpunkt eurer Entwicklung - ein Zeichen, daß ihr vor einem Spezies-Sprung steht.

Geschieht ein solcher Sprung, dann zieht ihr Situationen an, die außerhalb eures normalen Parameters der Wirklichkeit liegen. Eure Zivilisation hat über mehrere Jahrtausende einen unterschiedlichen Standpunkt zu außerirdischen Kontakten eingenommen. Die ganze Geschichte hindurch haben die Menschen nicht an die begriffliche Realität Außerirdischer geglaubt, sondern sie wurden als Beweis des Teufels hingestellt. In eurer jetzigen Zeit zeugt dieser Kontakt von einer Beschleunigung eurer Evolutionsrate - Transzendenz, wenn ihr so wollt - von einer Lebensform zur anderen.

Die Methoden, durch die ihr diesen Typ von Zeta-Kontakt geschaffen habt, sind mannigfaltig im Vergleich zu anderen Zivilisationen. Ihr habt zum Beispiel physische Sichtungen in euren Lüften herbeigeführt. Ihr habt Entführungsfälle herbeigeführt. Ihr habt Kontakte von Angesicht zu Angesicht und auch Begegnungen in Traumzuständen. Ihr habt, was traditionell als psychisches Phänomen angesehen wird, Kontakt zu Außerirdischen hergestellt. Ihr habt also eine Reihe von Kontakten auf physischer und nichtphysischer Ebene manifestiert.

Laßt uns das Beispiel eines Gartenschlauches nehmen. Das Wasser fließt ungehindert durch diesen Schlauch. Es symbolisiert den natürlichen Prozeß der Evolution. Stellt euch vor, der Schlauch wird irgendwo blockiert und der Druck erhöht sich. Irgendwie muß dieser Stau aufgelöst werden. Der Druck kann entweder so groß werden, daß sich der Stau von allein auflöst, oder eine Schwachstelle im Schlauch platzt, so daß das Wasser hindurchbricht und der Druck nachläßt.

Die Erlebnisse auf eurer Welt, die euch mit den Gedanken an außerirdischen Kontakt vertraut machen, sind wie kleine Löcher in dem Schlauch, durch die das Wasser gepreßt wird. Sie sind das Ventil für etwas, was eure Zivilisation seit langem verneint hat.

Die Art und Weise, wie ihr den in euren bewußten Verstand hineinsickernden Kontakt hervorgebracht habt, ist einzigartig für euren Planeten und für das, was ihr seid. Andere Planeten rufen den ersten Kontakt mit anderen Methoden hervor. Für das, was ihr seid, ist eure Methode perfekt. Letztendlich könnten wir nicht beurteilen, ob diese Weise richtig ist oder nicht. Es ist einfach eure Art.

An Hand des Beispiels mit dem Schlauch, gibt es da etwas Unnatürliches in der Art, wie wir den Kontakt hervorrufen?

Was unnatürlich ist, ist der Aufbau der Blockade. So symbolisiert der Wasserfluß zum Beispiel eine natürliche spirituelle Evolution, durch die du schrittweise dein

Bewußtsein ausdehnen kannst, und zwar von der individuellen zur gesellschaftlichen, zur globalen und schließlich zur interplanetarischen Perspektive. Vorhandene Ängste oder Ideen, denen du nicht ins Gesicht siehst, bilden die Blockaden im Schlauch. Die berstenden "Schwachstellen" sind lediglich die Gebiete, die du nicht schützt.

Die andere Art, Kontakte herzustellen (durch Fenster und Hintertüren im Bewußtsein), scheint ein normaler Aspekt von uns zu sein. Das ganze Spektrum erscheint so natürlich. Und dennoch ist es ein Spektrum, das wir verleugnet haben.

Ja. Es manifestiert sich, je nachdem, wer du bist.

Es manifestiert sich entsprechend unserer Leugnung und nicht nach unserer Aufnahmebereitschaft.

So kann man es betrachten. Hättet ihr ein aufnahmebereites Wesen, gäbe es keinen Grund, Blockaden aufzubauen und den Schlauch an bestimmten Stellen zu durchbrechen. Andere Zivilisationen manifestieren ihren ersten Kontakt auf andere Art und Weise. Wir möchten zwei Fälle mit euch betrachten.

Diese Fälle stammen von Missions-Teams unserer Rasse und anderen innerhalb der Vereinigung und sind Erstkontakte. Hiermit wollen wir euch die Unterschiede aufzeigen, wie sich Gesellschaften zu einem willkommenen außerirdischen Kontakt entfalten.

ALPHA 3

Wir werden den ersten Fall Alpha 3 nennen. Diese planetarische Spezies entstand durch das Aussäen von Leieraner Basisgruppen, die sich selbst überlassen blieben, um eine natürliche Identität ihrer Spezies hervorzubringen. Es war nicht nötig, dieser Spezies während ihrer Entwicklung mitzuteilen, daß sie einer Quelle außerhalb ihres Planeten entstammten. Der Alfa 3 Gesellschaft wurde ein sehr freier und natürlicher Evolutionsprozeß zugestanden, unberührt von galaktischen Dramen.

Während dieses Zeitraumes entwickelten sie sich auf natürliche Weise bis zum Stand der Technologie. Sie schufen ein Gleichgewicht zwischen Technologie und Spiritualität und entfalteten sich deshalb in einer ausgewogenen Weise. Man könnte sagen, daß Alpha 3 ein Bilderbuch-Fall in der planetarischen Evolution war. Sehr wenige Dramen spielten sich dort ab, und alles stimmte gut überein.

Dann kam die Zeit, in der diese Zivilisation für die Raumfahrt bereit war. Zuvor waren sie jedoch von einigen Mitgliedern der benachbarten planetarischen Systeme beobachtet worden. Und bevor sie ihren Planeten verließen, trat man offen mit ihnen in Kontakt. Das möchten wir jetzt näher beschreiben.

Stadium 1

Es gibt gewöhnlich drei Stufen bei einer solchen Spezies. Auf der ersten wird für 50 bis 100 Jahre telepathischer Kontakt mit den Bewohnern eines Planeten aufgenommen, bevor man zur nächsten Stufe übergeht. Telepathischer Kontakt wird zu empfänglichen Personen innerhalb der Gesellschaft hergestellt, wobei nicht einfach gesagt wird: "Wir sind hier". Stattdessen sickern Ideen über außerirdische Wesen in die Phantasie und in den normalen Tagesablauf des Empfängers ein. Dies kann sich in der Gesellschaft in Form von erdachten Werken wie Science-Fiktion-Bücher widerspiegeln, die sie mit dieser Idee vertraut machen.

Schließt dies ebenfalls archetypische Kontakte durch Symbolismus ein?

Ja, auf der unsichtbaren Ebene des menschliches Geistes.

Stadium 2

Die zweite Stufe ist der physische Kontakt mit den Bewohnern, wenn Raumschiffe anderer Zivilisationen in den Lüften gesehen werden. Dies findet auf nicht bedrohliche Art dort statt, wo sich größere Menschenansammlungen aufhalten, damit dieses Geschehen sich schnell herumspricht.

Oft spielen sich Begebenheiten ab mit diesen physischen Raumschiffen. Laßt uns als Beispiel einen schwer zu kontrollierenden Waldbrand nehmen. Das außerirdische Raumschiff kommt den Feuerlöschern zu Hilfe, dann entschwindet es wieder. Dies ist eine Demonstration des guten Willens, und diese Art des Kontaktes wird für etwa 25 Jahre fortgesetzt. Dann folgt Stufe 3.

Stadium 3

Stufe drei profitiert von dem erzielten Fortschritt in Stadium zwei. Nach einer aktiven Hilfsaktion wird dann das Raumschiff landen und mit den Einwohnern des Planeten zum erstenmal persönlich in Berührung kommen.

Dieses sind die drei Hauptstufen. Die Alpha 3 Spezies bekam auf diese Weise Kontakt - ohne Widerstand oder Furcht. Es war einfach der natürliche Ausdruck einer Evolution auf der planetarischen Skala.

Unsere Geschichte durchzieht diese drei Stufen gleichzeitig, nicht wahr?

Ja, außer Stufe zwei. Sie wurde auf eurem Planeten wegen eurer psychologischen Struktur nicht auf dieselbe Art und Weise ausgeführt.

Stadium eins ist noch immer die wichtigste Phase. Hatten jene Wesen Träume? Was erfuhren sie auf innerer Ebene?

Ihre Träume spiegelten keine fremden Kreaturen wider. Stattdessen hatten ihre Träume emotionale Inhalte, die jenseits des Bekannten lagen. Sie wurden mit Symbolik angereichert. Als Beispiel könnte im Traum eine zu den Sternen fliegende Person dienen. Vielleicht begegnete ihr jemand auf dem Flug. (Dies sind sehr einfache Beispiele.) Die im Traum getroffene Person wird das Aussehen der eigenen Spezies haben. Es besteht kein Gefühl der Fremdheit. Die Fremdheit, die ihr auf eurer Welt erfahrt, ist die Fremdheit, die ihr gegenüber einem anderen empfindet. Die

Bewohner von Alpha 3 hatten nicht das Gefühl, daß etwas "Fremdes" vor sich geht.

Sie waren also keine Wesen, die unter Fremdheit unter ihresgleichen litten?

Stimmt.

Machten sie Astralreisen zu anderen Planeten oder anderen Bereichen?

Ja, aber innerhalb ihrer eigenen Realitätsstruktur, deshalb blieb die Fremdheit aus.

Besuchten astralreisende Außerirdische sie in ihren Traumwelten?

Ja, aber sie hatten keine Möglichkeit zu erfahren, daß es sich um Außerirdische handelte.

Hatte auf der ersten Stufe der astrale Kontakt ein anderes Thema zum Inhalt?

Ja. Der astrale Kontakt in Stufe eins war gefärbt von der klaren und unverblümten Idee von Leben und Bewußtsein außerhalb ihrer Welt - nicht fremdartig, sondern auswärtig.

Die Grenzen ihrer Welt erweiterten sich einfach?

Ja.

Gingen die Erfahrungen der Stufe eins nahtlos in die Sichtungen der Stufe zwei über?

Ja. Während der Stufe eins wurden in dieser Spezies anfänglich mehr abstrakte Ideen über Kontakte empfangen, die dann später in ihre physische Realität einsickerten. Angepaßt an eure Gesellschaft, würden Bücher und Filme bei euch dieses Thema in einer ausführlichen und positiven Weise aufgreifen. Während der 50 bis 100 Jahre entwickelte diese Spezies die Überzeugung, daß dieser Kontakt ganz natürlich sei. Deshalb riefen die ersten Sichtungen in der zweiten Stufe keinen Schock hervor, denn sie beruhten auf einer normalen

Entwicklung. Sie waren ebenfalls eine Quelle großer Aufregungen.

Das Zusammentreffen mit den Außerirdischen war dann etwas Vertrautes.

Ja.

Gab es Mitglieder der Alpha 3 Gesellschaft, die als Soziologen oder Philosophen diese Phänomene interpretierten?

Es gab innerhalb dieser Gesellschaft Sozio-Philosophen - wenn ihr sie so nennen wollt - die über Ausdehnung der Grenzen ihrer Gesellschaft sprachen, aber nicht, daß diese Raumschiffe symbolisch zu deuten wären. In diesem Falle hätten diese Schiffe außerhalb ihrer Realität existieren müssen. Die Schiffe waren nichts *Fremdes.* Es war nicht so, als schaute man etwas Unbekanntes an, und man versuchte auch nicht, es zu enträtseln wie in eurer Gesellschaft. Der Prozeß entwickelte sich so natürlich und stetig, daß es keinen Grund gab, darüber zu philosophieren.

Ist unsere Ablehnung der Grund, warum wir versuchen, dieses Phänomen zu interpretieren?

Ja. Ihr seht es als etwas Unnatürliches an und als unbekannten Aspekt eurer Realität. Es ist der gleiche Grund, warum ihr versucht, eure Träume zu erklären. Ihr betrachtet Träume als etwas, das nicht zu eurer Person gehört.

Vielleicht würde es uns helfen, die Idee der Interpretation zu durchleuchten? Wir scheinen alles und jedes, auf das wir stoßen, zu interpretieren. Sagst du, daß diese Wesen ihre Erfahrung nicht interpretierten?

Ja. Sie stellten sie nicht in Frage, denn sie existierte nicht außerhalb von ihnen.

Als sie in der zweiten Phase diese Raumschiffe im Himmel sahen, wußten sie da, daß sich darin Wesen von einem anderen Planeten befanden?

Ja. Ohne Frage. Es wurde akzeptiert.

Waren sie nicht neugierig? Wollten sie ihnen begegnen?
Sie waren neugierig und aufgeregt. Es gab Zeiten, in denen gefeiert wurde, wenn diese Schiffe erschienen - nicht weil sie diese Raumschiffe als etwas Höheres ansahen, sondern weil sie beeinflußt worden waren, diese Erfahrung positiv aufzunehmen. Sie war einfach eine Quelle der Freude. Es gab überhaupt keinen Widerstand, keine Furcht und keine Argumente zwischen den Mitgliedern ihrer Gesellschaft.

Gab es vor dem physischen Zusammentreffen verbalen Kontakt auf der dritten Stufe?
Nein.

So ging Stufe zwei, die rein visuell war, direkt in Stufe drei über, in der ein Raumschiff inmitten der Bewohner dieses Planeten landete, die Besatzung herausspazierte und physischen Kontakt mit ihnen aufnahm?

Ja. Erinnert euch, daß Stufen eins, zwei und drei sich überlagerten. Stufe eins wirkt noch innerhalb des zweiten Stadiums weiter. Sie ersetzen einander nicht. Wenn Stufe zwei beginnt, dann herrscht das Imaginäre, die Fiktion, noch vor. Zu dieser Zeit haben sie sich bereits die Besatzung vorgestellt. Wenn also die Raumschiffe in Stufe drei landen, gibt es keine Überraschung oder Furcht. Es gibt nur Zustimmung und Aufregung.

Es ist so, als gäbe es amerikanische Eingeborene, die aufgrund von Rauchsignalen wissen, daß dort hinter der Hügelkette eine andere Gemeinschaft wohnt. Man weiß, daß sie da sind. Manchmal sendet man sich gegenseitig Rauchsignale zu. Aber der Tag, an dem man sich trifft, ist ein Feiertag. Noch Fragen zu Alpha 3?

Alles scheint so wohlgeordnet zu sein und mit nichts zu vergleichen, was hier geschieht!

Einige dieser Stadien gelten auch hier, aber wegen des Widerstandsgrades auf eurem Planeten wurden die Stufen abgeändert. Die Ursache eures Widerstandes ist in dem seit Jahrtausenden währenden - periodisch unterbrochenen - außerirdischen Kontakt als primitive Spezies zu suchen.

Beta 4

Wir werden euch jetzt von einer Kultur, die wir Beta 4 nennen, berichten. Beta 4 ist eine Zivilisation, deren genetische Verknüpfungen weganischer Natur sind. Ihr Widerstand gegen außerirdischen Kontakt war ungewöhnlich stark. Diese Kultur war sehr furchtsam. Wir wollen kurz ihren Hintergrund erhellen.

Beta 4's Anfänge beruhten auf einer Strafkolonie. Es wurden keine Gefängnisstrukturen gebaut, stattdessen wurden sie dort sich selbst überlassen. Ihnen wurde nicht viel Ausrüstung oder Wissen mitgegeben. Nach einer gewissen Zeit hatten sie sich etwas degeneriert. Ihre Bewohner vermehrten sich schnell und spalteten sich auf. Später wuchsen sie wieder zusammen und bildeten eine planetarische Identität.

Als sie zusammenwuchsen, hatten sie kein Wissen um ihre Herkunft außer ihrer Mythologie. Unterschwellig jedoch war eine emotionale Erinnerung als Reaktion auf ihr Zurückgelassensein vorhanden, das auf die Anfänge der Strafkolonie zurückzuführen war. Hieraus entstand der unbewußte Wunsch, nichts mit denen zu tun haben zu wollen, die sie im Stich gelassen hatten.

Nach Jahrtausenden der Evolution entwickelten sie eine technologische Gesellschaft. Als sie sich planetarischem Bewußtsein näherten, beschäftigten sie sich mit der Frage, ob sie Vorrichtungen bauen sollten, die sie von dem Planeten wegführen könnten. Der Schmerz über das Sich-Selbst-Überlassensein war noch vorhanden, daher war das Verlangen, ins All hinauszugehen, nicht besonders stark ausgeprägt. Ihre Neugier war sehr groß, sie wollten sehen, was da draußen vor sich ging, aber gleichzeitig fühlten sie einen Schmerz, der sie vom Bau der Maschinen abhielt, die sie ins All bringen würden.

Benutzen wir das Gleichnis mit dem Gartenschlauch, dann waren sie unwillig, sich den Schmerz anzusehen und errichteten eine Blockade. Diese verhinderte den natürlichen Fluß der Evolution dieser Spezies. Die Beta-4-Bewohner waren zu diesem Zeitpunkt bereit, in die galaktische Gemeinschaft aufgenommen zu werden. Die Außerirdischen, die ihren Planeten besuchten, wußten, daß es eine Herausforderung sein würde, den Planeten in eine größere Realität zu führen. Sie wußten, daß es Widerstand geben würde.

Die Außerirdischen fingen an, Raumschiffe in die Gebiete zu fliegen, in denen es viele Menschen gab. Die Schiffe wurden niemals gesehen. Der Fokus ihrer Wahrnehmung war so eng, daß die Betaner die Realität dieser Schiffe *nicht wahrnehmen* konnten.

Das geschah zu einer Zeit, in der es noch viele Konflikte zwischen den Leieranischen und Weganischen Reichen gab. Die Außerirdischen, die versuchten, mit Beta 4 Kontakt aufzunehmen, waren sich bewußt, daß es möglicherweise zu einer Bedrohung wegen dieser Konflikte kommen könnte. Es war unbedingt nötig, Kontakt aufzunehmen. Sie versuchten es auf die verschiedensten Weisen, aber immer vergeblich. Sie versuchten zu landen; sie versuchten, sich den Bewohnern zu nähern. Was zwischen den Außerirdischen und den Betanern stattfand, würde als Komödie auf eurer Welt angesehen werden. Es war, als könnten sie nicht die gleiche Sprache sprechen. Jede Unterhaltung zwischen den Außerirdischen und den Betanern verursachte völlige Verwirrung.

Aus der Sicht der Betaner sprach ein Mitglied ihrer eigenen Rasse zu ihnen. Dieses Mitglied konnte sich jedoch nicht klar ausdrücken, und der Betaner ging verwirrt von dannen. Die Betaner wollten diese Außerirdischen nicht als etwas anderes als Mitglieder ihrer eigenen Rasse sehen. Es war eine völlig beschränkte Vision. Die Zusammenkünfte erschütterten die Betaner innerlich sehr tief, aber weil sie so abstrakt waren, konnten sie darüber nicht mit anderen sprechen. Dieses Phänomen konnte die Normalität ihrer Realität nicht durchbrechen.

Nach weiteren Beratungen der Außerirdischen wurde beschlossen, daß externe Versuche ergebnislos seien. Die nächste Stufe waren Kommunikationsversuche auf innerem Wege. Die Außerirdischen hatten diese Möglichkeit im Glauben, externe Einwirkungen würden wirksamer sein, nicht angewandt. Dann erkannten sie, daß sie mehr die Wege der inneren Kommunikation nutzen mußten. Was jetzt folgt, klingt sehr eigenartig.

Sie traten in den Traumzustand der Betaner ein. Nacht für Nacht wurden die Betaner mit Traumbildern und Kontakten von dieser außerirdischen Intelligenz bombardiert. Die Betaner widerstanden vorsätzlich dieser Information, und ihre Psyche wurde dadurch strapaziert. Es wurde der Punkt erreicht, an dem - nehmen wir wieder das Beispiel mit dem Schlauch - der Durchbruch stattfinden mußte.

Die Durchbruchsstelle manifestierte sich in Form von sogenannter "Poltergeist"-Aktivität. Unbekannte Dinge geschahen in der Realität eines jeden auf dem Planeten; zuerst bei denen, die spiritueller und empfänglicher von Natur aus waren, dann bei jedem Gesellschaftsmitglied. Überträgt man dieses Phänomen auf eure Realität, dann würde die Poltergeistaktivität in Form von fremden Bildern im Fernsehen, verwirrenden Botschaften auf Computer-Bildschirmen und bizarren Tonband-Aufnahmen sichtbar werden. Diese Manifestationen wurden durch den Geist der Betaner hervorgerufen, als sie versuchten, die Kommunikation zu unterdrücken. Das Phänomen wurde nicht von den Außerirdischen selbst hervorgerufen. Die psychische Energie, die die Betaner zurückhielten, wurde in andere Medien geleitet, durch welche die Kommunikation stattfinden konnte.

Bald war der Punkt erreicht, an dem der Streß überhand nahm. Als dies geschah, brach das ganze Gerüst ihrer Realität zusammen. Es schien, als würden sie draußen ganz normal herumlaufen, nur um sich plötzlich desorientiert zu fühlen und ohnmächtig zu werden. Wenn sie aufwachten, war ihr Realitätsmuster verändert. Plötzlich konnten sie die Schiffe sehen. Sie konnten miteinander über ihre Erfahrungen sprechen. Die Schiffe blieben einige Zeit auf Distanz, bis die Wesen auf Beta 4 miteinander über die Realität dieser außerirdischen Präsenz sprechen konnten. Dann kamen die Außerirdischen näher.

Die Betaner glaubten sicherlich, sie würden verrückt?
Ja. Jeder, der nicht darüber sprechen wollte, spürte einen Druck, der stärker und stärker wurde.

Das waren zwei Kontakt-Beispiele innerhalb eurer galaktischen Familie. Man wird jetzt fragen: "Wie passen wir auf der Erde da hinein?" Ihr seid nicht so scharf zu trennen. Die Beispiele, die wir anführten, gehörten gegensätzlichen Zivilisationen an. Benutzen wir das Alpha 3 Kontakt-Programm als Beispiel, dann wird euch Stufe eins und drei vermittelt. Stufe zwei ist bewußt wegen eurer vergangenen Abhängigkeit von außerirdischer Hilfe verändert worden.

Vergleicht man euch mit den Beta-4-Kontakten, dann erfahrt ihr große Ängste auf der archetypischen Ebene, die dazu führen, daß ihr eure Augen vor der Realität vieler Dinge schließt. Diejenigen, die die größten Ängste auf eurem Planeten haben, sehen buchstäblich diese physischen Schiffe nicht, wenn sie anwesend sind.

Die Zeta Reticuli benutzen Stufe eins des Alpha 3 Programms und bis zu einem bestimmten Grad Stufe drei. Sie haben kein großes Interesse an Stufe zwei. Die Zivilisation der Plejadier hat in der Vergangenheit mit euch auf Stufe zwei Kontakt aufgenommen.

Die Zeta Reticuli sind nicht wirklich an Stufe eins interessiert. Sie möchten sofort zu Stufe drei, aber sie müssen durch Stufe eins hindurch.

Ja, weil ihre Realität eurer so fremd ist. Der gegenwärtig einzige Weg, ihre Energie zu synthetisieren, ist Stufe eins auf der archetypischen Ebene.

Manchmal muß das Besucher-Phänomen auf uns zukommen, und wir müssen damit innerhalb unserer archetypischen Realität, unserer elementaren Realitäten umgehen, auch innerhalb der Tiefen unseres Bewußtsein, die wir unterdrückt und negiert haben. Zu diesem Stadium müssen wir kommen, um sie zu treffen. Wir erleben viele Dinge und wissen nicht, wie wir sie in unser Leben integrieren sollen. Erfahren die Besucher zu einem bestimmten Grade etwas Ähnliches? Ist der Kontakt zu uns etwas Neues für sie? Betreten sie unsere Realität mit dem Gedanken, einige Proben zu entnehmen, und sehen sie sich dann plötzlich konfrontiert mit Archetypen, Elementalen und verneinten Realitäten?

Ihr beeinflußt die Zeta Reticuli ebenso wie sie euch. Ihr habt bereits erfahren, daß ihr beide im Kontakt zueinander den innersten primären Ängsten gegenübersteht. Das Gruppenbewußtsein der Zeta Reticuli wird manchmal das Gefühl oder die Illusion von Individualität annehmen. Es ist wie eine Fantasie oder ein Traum über Individualität. Dies wirkt wie ein außergewöhnlicher Schock auf ihr Massenbewußtsein.

Ähnelt es einer Halluzination?

Es ist wie ein spontaner, sehr intensiver Gedanke.

So erleiden nicht nur die Kontaktler Urängste. Die Besucher erfahren ebenfalls ihre archetypischen Aspekte, wenn sie mit uns in Beziehung treten.

Zu diesem Zeitpunkt stellt ihr euch erfolgreicher als sie euren Urängsten. Hier ein Beispiel. Die Zeta Reticuli haben die Fähigkeit, ihren Fokus von einem Körper zum anderen zu verlagern. Angenommen, ein Zeta steht an einer Tür und ein anderer beugt sich über einen Entführten. Derjenige, der in der Nähe des Entführten steht, kann willentlich seinen Fokus auf den an der Tür Stehenden richten. Während eines Entführungsfalles machten die Zeta Reticuli die Erfahrung, daß sie spontan ihren Fokus vom Entführer zum Entführten verlagern können! Es geschieht momentan, aber nur für einen Augenblick. Aber sie finden Gefallen an dieser Art von Angst, die sie so lange leugneten.

Wird bei einer Entführung der Punkt der Aufmerksamkeit zu ungemütlich, dann können die Zetas den Fokus von dem, der sich über den Entführten beugt, weglenken, um dieser Erfahrung zu entgehen?

Ja. Die Zeta Reticuli sind Vermeidungskünstler. Dennoch sehen sie dies nicht als ein Ausweichen an, vielmehr als Anpassung.

Nimmt das Zeta Massenbewußtsein auf irgend eine Art und Weise unser Eindringen in ihre Realität wahr?

Ja. In den vorangegangenen Kapiteln wurde bereits erwähnt, daß ihr Besucher aus *ihrem* Inneren seid. Hierauf beziehen wir uns. Ihre spontanen und scheinbar unkontrollierten Erfahrungen mit euch haben die gleiche Intensität und sind ähnlich denen, die *ihr* mit *ihnen* habt. Es ist schockierend. Es ist beängstigend. Und bis jetzt wird das nicht von ihnen verstanden.

Die Zeta Reticuli denken vernunftsgemäß, daß die Schocks, die sie durch Kontakte mit euch erfahren, euer Produkt sind und Teil eurer Realität. Zur Zeit erkennen sie keinen Zusammenhang mit ihrer eigenen Transformation.

Einer der Gründe, warum sie hier sind, ist, diese Schocks zu erfahren und sich zu ändern.

Stimmt. Genauso wie ihr die Gründe für ihre Beziehung mit euch entdeckt, so sind auch sie dabei, den letztendlichen Zweck für die Wechselbeziehung mit euch zu entdecken.

Können sie darüber sprechen?

Sie sind sich dessen zur Zeit nicht bewußt.

Es hätte also keinen Grund, sie über ihre unerwarteten Visionen zu befragen?

Nein. Zur Zeit würden wir das nicht vorschlagen. Es ist zu früh dafür. Alles, was wir bisher mitgeteilt haben, genügt, um den Personen, die Kontakte haben, zu helfen, den nächsten natürlichen Schritt zu tun.

Findet das Besucher-Phänomen auf Gebieten statt, wo wir sie nicht vermuten?

Das Kontaktphänomen kommt auf eure Welt aus allen Winkeln zu. Obwohl es abgestritten wird, wird es gleichzeitig miteinbezogen. Ihr seht es buchstäblich in jeder Phase eurer Entwicklung.

Welches ist der Grund für unser Abstreiten?

Ein Grund ist die Erinnerung an den Schmerz, den außerirdischer Kontakt in eurer Vergangenheit hervorgerufen hat - die Ängste des Verlassen-worden-seins, der Wunsch nach Erlösung, das nichtfunktionierende Familiensystem, zu dem ihr durch eure Vorväter gehörtet. Es ist der Wunsch, dieser Erfahrung zu widerstehen, um dem Schmerz zu entgehen.

Aus diesem Grunde haben wir das Beispiel zweier verschiedener Zivilisationen und den Prozeß aufgezeigt, der sie auf den Kontakt vorbereitete. Eure Zivilisation ist eine Mischung aus beiden, obwohl ihr ebenfalls individualistische Fähigkeiten zur Annahme von Kontakten miteinbringt, die auf eurer soziologischen Entwicklung beruhen.

Wir haben ebenfalls darüber gesprochen, wie ihr als Erden-Zivilisation den ersten Kontakt mit anderen Zivilisationen - den Zeta Reticuli - anknüpft. Es spielt keine Rolle, daß sie sich euch genähert haben. Ihr eröffnet den Kontakt zu ihnen durch das, was ihr seid. Ihr beginnt eine intergalaktische Beziehung durch euer Übereinkommen, mit ihnen in Beziehung zu treten. Dieses Übereinkommen wird fortdauern. Es wird jedoch wachsen und sich verändern in dem Maße, wie ihr wachst und euch verändert. Eure Evolution ist miteinander verflochten.

10. Leugnung und Transformation

Das neue Stadium, dessen Zeugen wir sein werden, kann verglichen werden mit dem Ende einer evolutionären Kindheit... Es ist an der Zeit, daß die neue Homo-Linie ihr kindisches Gebaren aufgibt.

-Yatri from Unknown Man: Die mysteriöse Geburt einer neuen Spezies

Was wäre, wenn das Entführungs-Phänomen offen diskutiert würde? Was geschähe mit unserer Spezies, wenn wir im großen Maße unsere wechselseitige Beziehung mit den Besuchern eingestehen? Was, wenn wir vorsätzlich danach trachteten, ihnen im Tageslicht unseres Bewußtseins zu begegnen, anstatt in den verstecktesten Winkeln?

Leugnung spielt eine wichtige Rolle in der Wechselbeziehung mit den Besuchern. Unsere Regierung leugnet ihre Existenz. Die Medien ziehen dieses Phänomen ins Lächerliche. Individuen ziehen es vor, durch eine persönliche Hölle zu gehen, anstatt ihrem Nächsten einzugestehen, daß sie dem Unbekannten begegnet sind. Tragischerweise halten wir es sogar vor uns selbst verborgen.

Leugnung formt oft unsere Leben; denn um die Lüge aufrechtzuerhalten, müssen wir auf eine bestimme Art leben. So wie die Lüge zunimmt, erhöht sich unser persönlicher Schmerz. Wir besitzen die Macht, diesen Schmerz zu heilen, indem wir die volle Verantwortung für die Lüge übernehmen und auch für das, was die Lüge verhüllt. Die Menschen haben die Fähigkeit, die ganze Verantwortung für das Besucher-Phänomen zu tragen und können die Art auswählen, wie es sich in ihren Leben manifestiert.

In diesem Kapitel wendet sich Bashar der menschlichen Leugnung zu und wie sie für persönliche und planetarische Transformation genutzt werden kann. Er diskutiert ebenfalls die zukünftigen Hybrid-Projekte zwischen den Zeta Reticuli und den Menschen und gibt einen Überblick über die Agenda der Besucher für die 90er Jahre bis ins 21. Jahrhundert.

***

Bashar: Wir möchten uns hier euren Fragen und Kommentaren zuwenden, die sich auf die Wechselbeziehung der Menschen mit den Zeta Reticuli beziehen. Wir möchten die evolutionären Ideen ansprechen, die die Zeta Reticuli für euch darstellen. Wir werden eure Fragen beantworten.

Wie sieht die Vereinbarung aus, die die gegenwärtige Wechselbeziehung zwischen den Besuchern und Menschen ermöglicht?

Die Vereinbarung ist uralt. Sie besteht seitens vieler Millionen Seelen und bezweckt die Vollendung einer spezifisch genetischen und spirituellen Evolution. Die Vereinbarung umfaßt nicht nur euren Planeten, sondern auch die Planeten eurer Vorväter. Die Übereinkunft lautet: "Die Evolution muß um jeden Preis fortgeführt werden."

Welche Art von Evolution?

Die Evolution, über die wir sprechen, ist eine Evolution, die jenseits all eurer jetzigen Definitionen liegt. Evolution in ihrer Gänze übersteigt die mentalen, emotionalen, spirituellen und physisch/genetisch/ätherischen Aspekte einer Spezies. Diese Vereinbarung umfaßt Zeit und Raum und beschränkt sich nicht nur auf eure Erde.

Liegt dieser Übereinkunft eine Dringlichkeit zugrunde?
Dringlichkeit schließt eine zeitliche Begrenzung ein. Für die wichtigsten Teile der Vereinbarung gibt es keine Zeitbegrenzung. Wir würden jedoch Dringlichkeit durch Verpflichtung ersetzen.

Ist es eine Übereinkunft, bei der zwei Parteien etwas austauschen?

Auf deiner physischen Dimension scheint ein Austausch zwischen zwei separaten Parteien (Zetas und Menschen) stattzufinden. Die Zetas erhalten etwas von euch und ihr bekommt etwas von ihnen. Das ist einfach nur eine Umsetzung der Idee. Bei der Vereinbarung gibt es keinen Austausch an sich, denn jene von euch, die das Übereinkommen vereinbarten, spielen alle Rollen in dem Szenario. Deshalb erhaltet ihr alles, was ihr benötigt.

Die Vereinbarung ist also weitreichender als erwartet?
Ja. Sie kann in ihrer Ganzheit nicht in eure physische Sprache übersetzt werden. Sie ist eine Verpflichtung und ein Zwang zugleich, den alle Spezies in sich tragen, wenn sie die Physikalität betreten. Dieser Zwang oder Verpflichtung besteht ebenfalls bei nicht-physischen Wesen. Es ist das, was uns alle dazu treibt, uns zu entfalten.

Erkenne, daß ihr, wenn ihr eure Übereinkünfte leugnet, nur die traumatische und dramatische Erfüllung eurer Vereinbarungen offenbart. Hört ihr auf, sie zu leugnen, dann ändert sich die Art, wie das Abkommen erfüllt wird.

In diesem Zusammenhang ist es schwierig, die Vereinbarung in zwei Teile aufzuspalten, um zwei verschiedene Aspekte herauszustellen.
Letztendlich kann man sie nicht aufteilen. Sie sind ein und dasselbe. Um sich mit diesen Ideen leichter vertraut zu machen, könnt ihr diese Aufteilung symbolisch betrachten.

Sind die Zeta Reticuli davon überzeugt, daß sie hierher eingeladen wurden?

Sie glauben es nicht nur, sie wissen, daß sie eingeladen wurden. *Sie sind die Einladung selbst.*

Haben wir sie eingeladen?

Ihr seid die Einladung selbst und brauchtet keine Extra-Einladung zu versenden. Ihr seid von Natur aus immer die Einladung - durch eure Existenz, durch die Vereinbarungen und durch das, was ihr als planetarische Spezies darstellt.

Von einer niedrigeren, physiologischen Warte aus gesehen könnten die Reticulum sich nicht geweigert haben, herzukommen? Müssen sie herkommen?

Richtig.

Warum laden wir sie auf diese Art ein?

Zu diesem Zeitpunkt können wir - locker gesprochen - sagen, daß ihr die Erfahrungen, so wie ihr sie macht, euch nicht unbedingt ausgesucht habt. Stattdessen habt ihr es vorgezogen, *die Realität* des Übereinkommens zu leugnen. Die verleugnete Realität des Abkommens diktiert die Art der Besuche. Ihr habt es vorgezogen, die Signale der Evolution noch nicht zu vernehmen. Ihr habt es vorgezogen, euch noch nicht an die Beziehung zu außerirdischen Wesen zu erinnern und daran, wer ihr wirklich seid. Diese Wahl führt automatisch zu einer Beziehung, die auf einer Verneinung aufgebaut ist.

Auf der anderen Seite könnte man sagen, daß ihr es so gewünscht habt, um euch an diese Verleugnung zu erinnern und daran, daß ihr diesen Seinszustand verändern könnt. Indem ihr eine Situation in eure Realtität hineinzieht, die euch mit eurer Leugnung konfrontiert, werdet ihr euch zu erinnern beginnen.

Weshalb leugnen wir?

Es gibt viele Antworten auf diese Frage. Auf der metaphysischen Ebene wollt ihr euch nicht mit dem Schöpfer verbinden, um nicht wieder den Trennungsschmerz vom Schöpfer zu erfahren. Ein anderer Grund hat mit der Reinigung tiefsitzender Ängste zu tun. Ihr könntet diese Ängste, die noch bereinigt werden müssen, nicht erreichen, wenn ihr nicht zuerst die Basis für die Leugnung schaffen würdet. Könnt ihr folgen?

Ja. Wir benutzen die Leugnung als Werkzeug, um etwas zu transformieren, das sehr tief in unserer Natur verborgen liegt.

Genau. Auf der Oberfläche hat die Leugnung etwas mit eurem Unwillen und eurer Furcht zu tun, die hundertprozentige Verantwortung für eure Realitiät und für euer Schaffen zu übernehmen. Deshalb gebt ihr eure Verantwortung an jemand anderes ab und spielt das Opfer. Dies ist ein uraltes Muster, das nicht ewig währen kann. Ihr schafft die Möglichkeit, dieses Muster zu bereinigen.

So benutzen wir das Entführungs-Szenario, um eine in der Spezies allgemein verbreitete und lang andauernde Situation zu bereinigen.

Ja. Ihr benutzt die Entführung (wie auch andere Situationen), um die emotionale Evolution eurer Spezies anzukurbeln. Das Entführungsphänomen stellt für euch ein Rätsel dar, in dem ein Trauma verborgen ist. Dadurch könnt ihr dem Unbekannten ins Gesicht schauen und seid gezwungen, dem Unbekannten zu begegnen. In diesem Unbekannten werdet ihr viele Antworten finden.

Wie werden die eingeladenen Besucher auf die Einladung eingehen? Was ist auschlaggebend für ihre Antwort?.

Der Schlüssel liegt im Grad eurer Leugnung. Verfangt ihr euch zu tief darin, dann zieht dies eine bestimmte Art von Besucher-Erlebnis nach sich. Da ihr euch weigert, in eurer *bewußten* Realität Kontakte herzustellen, wird die Art des Erlebnisses traumatisch sein und aus einer anderen Welt stammend. Je geringer die Leugnung, um so mehr die

Bereitschaft, diesen Situationen in eurem Tagesbewußtsein zu begegnen.

Wie im vorhergehenden Kapitel beschrieben, mußte die Beta 4 Kultur in ihrem Tagesbewußtsein wegen ihrer Leugnung ein schreckliches Drama erdulden. Der Grad der Leugnung formte und gestaltete die Art des Kontaktes in ihrer Gesellschaft. Das gleiche gilt für euch. Leugnung wird der Schlüssel sein, der die Erlebnisse mit den Besuchern in eurer Realität formt.

Wird sich die Art unserer Einladung verändern?

Die Art eurer Einladung wird sich nur insofern verändern, wie ihr bereit seid, bewußt die Schleier zu lüften und die Verantwortung für eure Evolution - individuell und global - zu tragen und aus dieser Verantwortung heraus das Unbekannte sucht. Sobald das geschieht, *muß* sich die Natur der Einladung verändern, weil ihr erkennt, daß es keine Einladung oder Verpflichung ist. Es entsteht ein Tanz der Evolution, eine Bewegung, eine Spirale. Ihr werdet erkennen, daß Bewegung und Wandlung die Existenz selbst sind.

Wird sich die Antwort der Zetas auf unsere vernehmbare Einladung ebenfalls verändern?

Ja.

Wohin führen diese Begegnungen, und welche Folgen werden sie auf das menschliche Bewußtsein haben?

Zur Zeit leidet die menschliche Psyche wegen der Kontakte unter großem Stress. Sogar diejenigen, die keine Begegnungen haben, fühlen den Stress, denn ihr alle seid miteinander vernetzt. Die durch die verleugneten Kontakte freigesetzte Kraft zwingt euch, sich mit dem Unbekannten auseinanderzusetzen. Dies wiederum zwingt euch, den Druck auf eine solche Weise freizusetzen, daß ihr Erleichterung verspürt. Erleichterung kann nur durch das Auseinandersetzen mit dem, was verleugnet wird, entstehen.

Ihr bewegt euch auf eine Zeit zu, in der ihr freier und offener dem gegenübertreten könnt, das euch Furcht einflößt.

Diese Kontakte ermöglichen eine Metamorphose von den höchst physischen zu den höchst esoterischen Daseinsebenen. Es ist gewiß die größte Metamorphose, die ihr jemals zuvor auf eurer Welt gesehen habt. Als Spezies betretet ihr die nächste Evolutionsstufe. Die Zeta Kontakte sind der Magnet, der euch vorwärtszieht.

Werden diese Begegnungen zu einer Transformation der Persönlichkeit führen, die etwas so Grundlegendes umfaßt wie die Verhaltensmuster einer Person?

Die Kontakte auf individueller Ebene werden zu völliger persönlicher Transformation führen. Eine Persönlichkeits-Transformation auf breiter Ebene wird zu einer Transformation der Spezies führen.

Dieser Typ des Kontaktes, der euch zwingt, euch den tiefsten, dunkelsten Ängsten innerhalb eurer selbst zu stellen, muß das alte Verhaltensmuster verändern und aufbrechen. Diese Begegnungen regen die Konfrontation auf den tiefsten Schichten eures Seins an. Stellt ihr euch diesen tiefen Schichten eures Wesens, dann habt ihr die Wahl: ihr könnt euch entweder in diesen Tiefen und der Hoffnungslosigkeit verlieren, oder aber die - durch das Aufdecken dieser tiefsitzenden Ängste - freigesetzte Energie nutzen, euch zur Evolution hinaufzukatapultieren. Einige werden es vorziehen, sich in der Tiefe und der Hoffnungslosigkeit zu verlieren. Das ist ihre Wahl, und es wird das sein, was sie auszuleben wünschen. Aber in der Mehrzahl werden die Individuen die Energie dieser Konfrontation als Kraftstoff für ihre fortschreitende Evolution nutzen.

Wird das öffentliche Bewußtsein die Einstellung zu den Besuchern ändern?

Wie aus etlichen Massenmedien ersichtlich, erfahrt ihr bereits bedeutsame Veränderungen, wie ihr eure Beziehungen zu den Besuchern wahrnehmt. Sie werden sich weiterentwickeln. Je bereiter ihr seid, sie so zu sehen, wie sie sind, um so weniger wird eure intuitive Vorstellung in ihnen eine Karikatur sehen, sondern mehr die realen Wesen, die auf einer euch gleichwertigen Stufe stehen.

Ihr werdet auch ein größeres Verständnis ihrer Psyche haben und sie als Wesenheiten ansehen, die ebenfalls die Evolution suchen und sich vor der Auslöschung ihrer Art fürchten. Ihr werdet die Ähnlichkeiten zwischen euch zu sehen beginnen, und in diesem Mitgefühl werden Verständnis und Kooperation erwachen.

Wie verändern diese Begegnungen die Zeta Reticuli? Entwickeln sie neue Vorstellungen über sich selbst?

Sie entwickeln neue Vorstellungen über sich selbst, von denen einige noch etwas furchterregend für sie sind. Etliche neue Ideen sind noch nicht überprüft und daher hypothetisch. Mit Wißbegierde und Wissensdurst befassen sie sich mit neuartigen, aus dem Kontakt mit euch entstandenen Ideen. Sie selbst verändern sich. Sie wachsen. Sie beginnen zu verstehen, daß sie trotz ihres Massenbewußtseins ihr Bewußtsein in einer euch ähnlichen Art aufgespaltet haben. Indem sie euch beobachten, erkennen sie ihre eigene Zersplitterung. Indem sie euch beobachten, lernen sie ihr Wiedererwachen.

Gibt es so etwas wie ein Zeta Reticuli-Unterbewußtsein? Ein Massenunterbewußtsein?

Das Wort Unterbewußtsein ist nicht ganz korrekt, jedoch die Bedeutung, die ihr ihm zuschreibt. Es gibt einen Aspekt in ihrem Massenbewußtsein, der sich abgesplittert hat, und der ihre versteckten und verleugneten Aspekte ihres Wesens speichert.

Bedeutet dies, daß es physisch einige scheinbar weniger entwickelte Zeta Reticuli ähnliche Gruppen gibt, die nicht mit anderen Zeta Gruppen kommunizieren?

Die weniger entwickelten und vielleicht negativ orientierten Wesen repräsentieren äußerliche Aspekte dieser verleugneten Realität. Sie existieren aber auch aus freiem Willen heraus.

Versetzen sich die Zeta Reticuli in einen traum-ähnlichen Zustand, wenn sie in unser Massenbewußtsein treten und mit uns Kontakt aufnehmen?

Sie neigen dazu, in einen Traumzustand einzutreten, in eine andere Art von Realität, wenn sie es sich erlauben, für einen Augenblick ihr Massenbewußtsein zu verlassen und ihrer Wißbegierde im Zusammenspiel mit euch als Individuen freien Lauf lassen. Jedoch überwachen sie diese Möglichkeit streng, aus Angst, sich selbst zu verlieren.

Ist dies schon geschehen?

Ja.

Können einige ungewöhnliche Kontakte der Auslöser gewesen sein?

Ganz bestimmt.

Erinnern sie sich an ihre Erfahrungen, wenn sie den Kontakt zu ihrem Massenbewußtsein wiederherstellen?

Sie erinnern sich nicht ganz genau an ihre Erfahrungen. Es scheint wie im Traum zu sein. Wenn sie in ihrem Massenbewußtsein aufwachen, dann ist es, als hätten sie ein sehr intensives Erlebnis mit unbekanntem Symbolismus und Archetypen gehabt.

Wird dies öfter geschehen?

Ja, wenn sie weiterhin ihre unterdrückten Aspekte negieren. Das muß weiterhin geschehen, wenn sie zu leugnen fortfahren. Je mehr sie mit dem, was sie unterdrücken, in Berührung kommen, desto geringer werden diese Erlebnisse.

Wird ein Treffpunkt geschaffen, damit wir enger und unmittelbarer mit ihnen zusammentreffen können?

Ja. Aber zuerst müßt ihr euch gegenseitig und die Realität des anderen anerkennen. Dann wird die Zeit gekommen sein, in der ihr offen zum Treffpunkt reisen und miteinander Kontakt aufnehmen könnt.

Liegt das in weiter Ferne?

Für viele Individuen hat dieses Stadium bereits begonnen. Es liegt nicht mehr in allzu weiter Ferne.

Unsere Träume sind zur Zeit unsere Treffpunkte.

Ja. Zur Zeit ist das der einzig gemeinsame Ort.

Träumen die Zeta Reticuli?

Sie schlafen nicht, deshalb kennen sie nicht eure Definition des Traumes. Lösen sie sich jedoch von ihrem Massenbewußtsein, dann erfahren sie so etwas, das mit einem Traum verglichen werden kann. Verbindet ihr euch mit dem menschlichen Massenbewußtsein, dann erfahrt ihr das, was träumen genannt wird. Hier liegt auch die gemeinsame Realität oder Basis; und hier seid ihr das Massenbewußsein und das Individuum, aber auch gleichzeitig keines von beiden.

Worin besteht die nächste Phase des Besucher-Kontaktes? Was ist die Zukunft des genetischen Projektes?

Die nächste Phase hat bereits begonnen. Das Gegenstand dieser Phase ist der Beginn der Gleichheit. Die Eigenschaften dieser neuen Kontaktphase werden weniger traumatisch sein, wenn ihr zu verstehen beginnt, daß ihr den Kontakt selbst herbeiführen könnt. Die Art des Kontaktes wird sich ändern, sobald ihr eure Vielseitigkeit innerhalb des Kräftespiels erkennt.

Unserer Wahrnehmung nach wird das Jahr, das ihr 1995 nennt, eine wichtige Zeitperiode für den Beginn gleichwertiger Kommunikation zwischen euch auf der

Massenebene sein. Kontakte können noch im Traumzustand stattfinden und in quasi-physischen Realitäten, aber die Färbung des Kontaktes wird sich verändern.

Was das genetische Projekt anbetrifft, so werden, unserem Verständnis nach, sehr bald Kinder auf eurer Welt physisch geboren werden, die die genetischen Strukturen der Zeta Reticuli tragen und die so angepaßt sind, daß sie auf der Erde überleben können. Wisset, daß Babys mit diesen genetischen Strukturen es aus freien Stücken tun.

Wird deren Genetik für weitere Experimente und Entwicklung einer hybriden Spezies genutzt werden?

Ja. Wenn diese Prae-Hybriden geboren werden, werden die experimentellen Realitäten, mit denen sie auf der Erde in Kontakt kommen, bestimmte genetische Codes in Gang setzen, die das genetische Material für die nächste Stufe dieser Projekte stellen werden. Das ist ein wichtiger Punkt in der genetischen Arbeit, denn man wird die Genetik dieser hybriden Kinder ohne Zwang oder Trauma erhalten. Diese Kinder werden *freiwillig* Teil dieser Versuche sein und deren Energie als Ganzes verändern.

Werden diese Kinder ein bewußteres und vertrauteres Verhältnis mit diesen zu entwickelnden Hybriden haben?

Ja. Die Prae-Hybriden werden den Zetas wertvolles Feedback und Informationen über die Psyche der Hybriden liefern können.

Worin liegt die Bedeutung der Hybriden für die Zeta Reticuli und für die menschliche Rasse?

Wenn die Hybriden zum Vorschein kommen, dann beenden sie die durch Leugnung herbeigeführte Transformation und leiten eine Äera der Transformation ein, die durch Zusammenarbeit und bewußte Wahl herbeigeführt wird. Das ist einer der wichtigsten Gründe für das Auftreten der Hybriden.

Auf der physischen Ebene werden die Hybriden die Verschmelzung zweier - auf entgegengesetzen Enden einer Skala liegenden - Spezies darstellen und ein inwendiges Verschmelzen der Polarität symbolisieren. Die Kooperation im Prozeß der Integration und Transformation der Spezies wird freiwillig sein.

Wann wird diese neue Spezies auftreten?

Wie bereits gesagt, werdet ihr sehr bald (1994-1995) die Geburt von Kindern erleben, die Prae-Hybriden und die Vorläufer der späteren hybriden Spezies sind. Die zahlenmäßig höchste Geburtenrate der Prae-Hybriden wird, wie wir es gegenwärtig sehen, hauptsächlich zwischen Januar 1994 und März 1996 liegen. Nach dieser Periode wird eine andere Phase eingeleitet werden. Es ist wichtig zu betonen, daß die Prae-Hybriden und Hybriden nicht die menschliche Rasse *ersetzen*, sondern vielmehr zu ihrer evolutionären Vielfalt beitragen werden. Das ist alles, was wir jetzt sagen können.

Dann wird die neue Spezies, bestehend aus Hybriden, im 21. Jahrhundert leben?

Ja. Erkennt, daß sie ununterbrochen geschaffen wird. Der Zeitrahmen, über den wir hier sprechen, betrifft nur eurer Erden-Zeitgefüge.

Als Vertreter einer Rasse, die von Menschen und den Zeta Reticuli abstammt, möchten wir betonen, daß es keinen Erfolg oder Mißerfolg mit genetischen Experimenten gibt. Das genetische Projekt dauert fort, es ist und wird immer weitergeführt als Ausdruck der Evolution all dessen, WAS IST.

Wir möchten unsere Dankbarkeit ausdrücken für das, was eure Rasse zu manifestieren und allen hybriden Rassen zu geben bereit ist, einschließlich mir. Euer Geschenk wird durch alle Zeiten hallen. Es ist ein Geschenk, dessen Auswirkungen kontinuierlich durch Jahrtausende zu spüren sein werden. Mit Dankbarkeit wünschen wir euch Freude an der Konfrontation mit euch selbst und mit dem, was ihr sein werdet.

***

Die Besucher existieren als selbständige Wesen außerhalb von uns. Wir können sie sehen, berühren und von ihnen berührt werden. Wir können ihre Geschichte nachvollziehen, von ihrer Psyche lernen und ihre Motivationen verstehen.

Die Besucher existieren ebenfalls in uns, sie sind die Schatten, die Devas, die Archetypen und die Zauberwesen. Sie spielen jede verfügbare Rolle, um von uns wahrgenommen zu werden. Manchmal haben wir die Rolle, die sie spielen, verwechselt mit dem, was sie wirklich sind. Sie sind Wesen wie wir, sie entwickeln sich stetig weiter und sind genau so einsam wie wir. Auch sie trachten danach, sich mehr zu erkennen.

Heute in der modernen Industrie-Gesellschaft gibt es keine traditionellen Strukturen, in deren Rahmen das Entführungserlebnis paßt. Dies führt zu einer schmerzlichen Entfremdung, nicht nur von den Mitmenschen, sondern von der Menschheit. Dieser Umstand kann uns jedoch von Nutzen sein. Da nun das Geheimnis gelüftet ist, können wir die Besucher als das ansehen, was sie wirklich sind. Uns wird es weniger leicht fallen, sie mit einem vertrauten Mäntelchen zu umhüllen.

Da wir in einer Welt der Leugnung leben, müssen sie zu uns durch unseren Geist und unsere persönliche Mythologie kommen. In der inneren Welt besteht keine Spaltung zwischen uns und ihnen. Wir spiegeln einander wider. Wir sind die Katalysatoren für einander. Und vor allem können wir lernen, einander zu lieben und den Schatten innerhalb... zu umarmen. Tun wir das, dann lernen wir, uns selbst zu lieben.

Nachwort

> Die Entwicklung der Natur verläuft so stetig, daß die Kluft zwischen Pflanze und Mensch mit den unterschiedlichsten Geschöpfen ausgefüllt ist, die sich durch ein sanftes Ansteigen, einer über den anderen, erheben, in einer Art, in der der Übergang von einer Spezies zur anderen fast unmerklich geschieht ... ist es da nicht denkbar, daß es mehr Spezies von Geschöpfen über uns gibt als unter uns? John Wesley, 1770

Als der Urmensch in der Vorzeit durch den stärkeren und intelligenteren Homo sapiens ersetzt wurde, durchdrang eine tiefe archetypische Furcht die Kollektivseele des Urmenschen. Er wußte, daß seine Zeit beschränkt war. Er wußte, daß das Ende nahte. Sein ursprüngliches Sein schrie auf aus Angst vor Auslöschung. Dennoch hörte dieses ursprüngliche Sein auf, sich auf die Kollektivseele zu stützen. Eine neue Dämmerung brach an am Horizont der Menschheit.

Nur intuitiv können wir wissen, daß die Menschheit sich weiterentwickelt. Inmitten der Evolution ist es oft schwer, jenseits augenblicklicher Erfahrungen in die endlose Weite des Unbekannten zu blicken. Dennoch gibt es eine Konstante im Universum: die Evolution. Sie ist wie eine Flut, der weder die physischen noch die nicht-physischen Wesen widerstehen können. Der Sog dieser Flut ist ungeheuer; oft hinterläßt sie nach Luft ringende Wesen, unsicher ihres nächsten Schrittes. Letzten Endes bringt die Flut Wellen hervor, die alle Geschöpfe an das Land ihres Schicksals spült.

Die Menschen auf der Erde stehen unmittelbar vor einem evolutionären Sprung. Während wir auf der Flut reiten, können wir sie unmöglich ganz überblicken und erkennen daher nicht ihre ungeheurere Kraft. Dieses Unvermögen ändert nichts an der Tatsache, daß sie stattfindet. Kein Stein wird ungewendet bleiben. Die Flut der Evolution überrollt die Menschheit, physisch, mental, emotional und spirituell. Manchmal ist sie sanft und laut zugleich. Oder das stechend kalte Wasser schnürt uns die Luft ab.

Erträgt die Menschheit diese Transformation der Spezies einsam in ruhiger Abgeschiedenheit? Glücklicherweise nicht. Denn es transformiert sich nicht nur die Menschheit auf diesem kleinen Planeten Erde. Die Menschen sind nur ein Teil der riesigen galaktischen Vernetzung. Verändert sich ein Teil dieses Geflechtes, dann verändert sich das Ganze. Die Schöpfung ist ein nichtendendes, ineinander verschachteltes Rätsel mit ständig wechselnden Bildern.

Wer sind die anderen, die sich mit der Menschheit transformieren? In der Hauptsache sind es die Schatten, die Traumbilder, die Devas und die Archetypen. Ja, all das sind sie. Aber sie sind ebenfalls fühlende Wesen, einige physisch so wie wir. Die Glocke läutet, damit alle sie hören. Wir alle hören den gleichen Ruf der Evolution.

In diesem Buch wurden einige der vielen menschlichen Ängste durchleuchtet. Archetypisch schufen wir äußere Kräfte, damit sie uns Botschaften über die menschliche Evolution senden. Diese Botschaften erscheinen uns als außerirdische Wesen - entweder gut oder weniger gut von Natur aus. Ja, diese Wesen existieren unabhänging vom Menschen. Auch sie entwickeln sich weiter. Viele von ihnen verstehen die Vernetzung alles Geschaffenen und sie glauben, daß wir es auch tun. Sie beobachten ... warten. Wie der Urmensch; ein Ende ist spürbar. Aber das Ende ist lediglich der Beginn. Der Tanz der Evolution hat begonnen.

Danksagung

Wir danken folgenden Personen für ihre Unterstützung in der Herstellung des "Visitors from Within":

Irene Chen (Umschlaggestaltung)

Dr. Heide Davis

Stephen Davis

Paul Jaffe

Michael Lindemann

Margaret Pinyan

Stacy Vornbrock, M. A.

Donald M. Ware

Corey Wolfe (Umschlagbild)

Mark B. Woodhouse, Ph. D.

und allen Menschen, die dieses Phänomen ihr Leben zu berühren erlaubten...

Über die Autoren

Lyssa Royal erhielt ein B.A. Zertifikat in Psychologie. Sie ist ein international anerkanntes Channel, Autor und Lektor in Scottsdale, Arizona, USA. Sie ist der Co-Autor verschiedener Bücher: The Prism of LYRA, An Eploration of Human Galactic Heritage, Future Sex und The Sedona Vortex Guidebook. Ihr Name erscheint regelmäßig in Veröffentlichungen wie "Connecting Link" und "The Sedona Journal of Emergence". Lyssa channelt und hält Vorlesungen in der ganzen Welt und war im nationalen wie auch im internationalen Fernsehen und Radio zu sehen und zu hören.

1979 hatte Lyssa eine klare UFO-Sichtung - bezeugt von ihrer Familie -, die in ihr ein tiefes Interesse an außerirdischen Phänomenen hervorrief. Nach weiteren UFO-Sichtungen in den 80er Jahren fing Lyssa an, nach Antworten zu suchen, die die Verbindung der Erde zu anderen außerirdischen Zivilisationen zum Inhalt haben. Sie arbeitete fleißig an ihren Channeling-Fähigkeiten und erhielt Informationen, die Tausenden zu einem Verständnis des außerirdischen Rätsels verhalfen. Obgleich sie ziemlich häufig mit der außerirdischen Information arbeitet, steht die praktische Anwendung ihrer Durchsagen immer im Vordergrund.

Keith Priest ist ein unabhänger Forscher, Autor (The Prism of Lyra) und Bildhauer in Arizona. Er studierte Musik an der Michigan State Universität und machte seinen Abschluß in Piano Technik. Keiths Lebensphilosopie bestand immer darin zu fragen: "Warum". Auf seiner Suche hatte er mit alten Sprachen, biblischen Studien, Anthropologie, Archäologie, Geschichte und Religion zu tun, und er verband diese Studien mit der Astronomie, Mythologie und Psychologie. Obgleich er noch kein UFO gesehen hat (noch weniger ein außerirdisches), zeigten ihm seine Studien, daß die Außerirdischen sich nicht nur gut in diese Gebiete einfügen, sondern ein integraler Teil des Rätsels sind, das alle miteinander verbindet.

Der Armstrong Report

Außerirdische und UFO´s - Sie brauchen uns, wir sie nicht!

Virgil Armstrong, 1. Auflage 1993, 144 S., 14,5 x 21 cm,
ISBN 3-926388-24-2 DM 26,00

Der "Armstrong-Report - Außerirdische und UFO's; sie brauchen uns - wir sie nicht!" enthält des Autors Erlebnisse mit UFOs und Außerirdischen, den Zweck ihres Hierseins, erklärt ihre Experimente mit Menschen und gibt Einblick in die Verschleierungstaktik der amerikanischen Regierung.

Armstrong arbeitete acht Jahre beim militärischen Geheimdienst und 10 Jahre bei der CIA. 1948 nahm er als Offizier an der ersten in den USA bekannten Bergung eines UFO's teil: es war das "Project Grudge" auf dem Testgelände White Sands, New-Mexico. Dies ihn zu eigenen Forschungen an. Bei der Untersuchung der Phänomene entwickelte er telepathische Fähigkeiten, die es ihm ermöglichten, mit höheren Intelligenzen zu kommunizieren.

Seit seiner Pensionierung reist der Autor durch die USA und seit einiger Zeit auch durch Europa. In Seminaren gibt er sein Wissen über Außerirdische, UFO's und die momentane Reinigung der Erde sowie die Rolle der Weltraumbruderschaften während des Aufstiegs des Planeten Erde in das vierdimensionale Bewußtsein weiter.

Babadschi - Botschaft vom Himalaya

von Maria-Gabriele Wosien

4. Aufl. 1990, zahlr. Abb., 120 S., 11,5 x 18,5 cm,
ISBN 3-926388-00-5 DM 16,80

Wir befinden uns in einer Zeit des Umbruchs, an der Schwelle zu einem Neuen Zeitalter, wie viele glauben, oder am Abgrund, der endgültigen Vernichtung der menschlichen Rasse, wie andere fürchten. Tatsächlich kann nur noch ein radikaler Wandel des Bewußtseins das "Ruder herumwerfen" und das Raumschiff Erde einer sicheren Zukunft entgegensteuern.

An solchen Wendepunkten der Geschichte wird dem Menschen aus anderen Seinsbereichen auch immer verstärkt Hilfe zuteil. Viele große Seelen inkarnieren sich, um den verirrten Menschen den Weg aus dem drohenden Chaos zu weisen. Babadschi gilt als ein Avatar, d. i. eine Verkörperung des Göttlichen. Avatare erscheinen selten, und immer nur dann, wenn nur noch das direkte Eingreifen des Göttlichen selbst den Lauf der Geschichte ändern kann.

Babadschi gilt als die Inkarnation des Gottes Schiwa, des großen Zerstörers und Erneuerers. Yogananda spricht in seiner "Autobiographie eines Yogi" von ihm als dem großen Führer der Menschheit im Verborgenen.
Welchen Weg werden die Menschen wählen?

Erkenntnisse aus Atlantis, Wandlung durch neue Energiemuster

von Dr. Frank Alper, 392 S., 15x21cm,
ISBN 3-926388-19-6 DM 36,00

Dieses Buch aus einer Reihe gechannelter spiritueller Vorträge beschäftigt sich mit der Anwendung von Kristallen, wie sie zur Zeit von Atlantis zum Heilen benutzt wurden. Es werden zahlreiche Legemuster für viele Krankheiten beschrieben. Diese können eine wertvolle Ergänzung zu alternativen Heilmethoden sein. Ferner sind in diesem Buch die spirituellen, sozialen, moralischen und sexuellen Gewohnheiten der alten Atlanter beschrieben.

Das universelle Gesetz für das Wassermann-Zeitalter

von Dr. Frank Alper, 136 S., 15x21cm,
ISBN 3-926388-21-8 DM 24,80

Das Universelle Gesetz ist eine Vibration - ständig in Bewegung und sich erweiternd. Jeder Mensch ist in seinem Leben verantwortlich für die Auslegung und Anwendung dieses Gesetzes. Wird durch eine Handlung ein Fehler begangen, kann er durch eine andere Handlung bereinigt werden. Das nennt man Karma. Das Wachstum der Menschheit wird durch dieses Prinzip gewährleistet. Dieses Buch ist gechanneltes Wissen. Es regt dazu an, die eigene Wahrheit zu finden und in Übereinstimmung mit ihr zu handeln.

BABAJI spricht: Prophezeiungen und Lehren

2. Auflage 1990, 190 S., 6 Fotos, 11,5 x 18,5 cm,
ISBN 3-926388-03-X DM 16,80

Dieses Buch enhält die Ansprachen Babajis an seine Schüler. Sie beinhalten Weisungen, Prophezeiungen und Lehren und richten sich nicht nur an einzelne Gruppen, sondern sind allgemeingültig für die gesamte Menschheit. Shri Babaji sagte, daß der Menschheit am Ende des Kali Yugas, des "dunklen Zeitalters", des Überhandnehmens des Materialismus und des Zerfalls geistiger Werte, große Gefahren bevorstehen. Er prophezeite Zerstörungen in großem Ausmaß und Sterben von unzähligen Menschen für dieses Jahrzehnt; aber auch, daß alle

diejenigen gerettet würden, die im Einklang mit dem kosmischen Gesetz lebten, die wahrhaftig Gott - in beliebiger Form - verehren und seine Namen preisen.
So ist es das Anliegen Shri Babajis, die Menschheit zurückzuführen zum Ursprung ihres wahren Seins: zur Menschlichkeit.

BABAJI - Von Herz zu Herz

von Gertraud Reichel (Hrsg.)
1. Auflage 1991, ca. 230 Seiten, 15x21 cm,
ISBN 3-926388-20 DM 24,80

Aus Amerika, Indien, Afrika und Europa berichten Menschen ihre tiefgreifenden oft sehr persönlichen Erlebnisse mit Babaji, dem Meister. Sie erfahren wundersame Wandlungen durch die Begegnung mit ihm, durch seine persönlichen Lehren, seine Einfachheit und Wahrheit und durch seine allgegenwärtige Liebe. Die anschaulichen Berichte stimmen nachdenklich und fordern uns auf, unsere eigene heutige Weltanschauung, die oftmals vom Materialismus geprägt worden ist, zu überdenken und zurückzukehren zum wahren menschlichen Sein, zur Menschlichkeit, zu seiner Lehre von Wahrheit, Einfachheit und Liebe.

BABAJI - Unergründlich tief wie das Meer, 108 Begegnungen

G. Reichel (Hrsg.), 3. Auflage 1992, 130 Seiten,
11,5 x 18,5 cm, ISBN 3-926388-22-6 18,00

1970 von einem jungen Mann in einer Höhle am Fuße des Kailash bei Haidakhan entdeckt, lebte und lehrte Babaji von 1979 bis 1984 unter uns. Seine Besucher und Anhänger wurden auf die verschiedensten Weisen immer wieder mit seiner Größe und den übernatürlichen Kräften des Meisters konfrontiert. Dieses Buch enthält 108 kleinere und größere Erlebnisberichte, die der Herausgeberin direkt von Indern und "Westlern" berichtet wurden. Ein bewegendes Buch.

G. Reichel Verlag, Reifenberg 36, D - 91365 Weilersbach
Telefon 09194-8900, Telefax 09194-4262

Leben aus dem Sein - Ein Buch über Babaji

von Radhe Shyam, 400 Seiten, 17 Fotos, 15 x 21 cm,
ISBN 3-926388-17-X DM 29,80

Leben und Wirken von Babaji, dem Meister vom Himalaya, ziehen sich als roter Faden durch dieses. Buch. In den Aufzeichnungen wird uns die Essenz seiner vermittelt: Die Umkehr als Weg. Dies richtet sich an alle, denen die Heilung unserer Erde am Herzen liegt. Jeder Einzelne ist aufgerufen, damit der göttliche Plan - die harmonische Entfaltung der Schöpfung - seine Erfüllung finde. Für die Aufgaben der kommenden Jahrzehnte weist die Gestalt und das Beispiel des Meisters den Weg: Die Selbstfindung des Menschen ist Verwirklichung des Göttlichen in seiner Schöpfung. Radhe Shyam, der lange Jahre in Haidakhan lebte und den Ashram organisatorisch leitete, hat mit diesem Buch in 8jähriger Arbeit ein umfassendes Standardwerk über Leben und Wirken Babajis geschaffen.

Babaji -
Am Quell der Wahrheit in Haidakhan Vishwa Mahadham

von Shdema Goodmann, 2. Auflage 1991, 144 Seiten, 7 Fotos, 11,5 x 18,5 cm, ISBN 3-926388-08-0 DM 16,80

Die Autorin schildert ihre Besuche bei Babaji mit großer Intensität und Offenheit. Sie macht keinen Hehl aus ihren anfänglichen Zweifeln. Ihre innersten Erlebnisse, humorvoll dargestellt, berühren den Leser und lassen ihn teilhaben an ihren Erfahrungen. "Das Licht, das Babaji umgab, wurde stärker und stärker, sein Körper schien beinahe durchsichtig zu sein, fast wie eine Silhouette. .. Licht strömte aus seiner Gestalt, und dieses Licht schien die Aktivitäten ringsum zu dirigieren... Es war, als ob Wasserfälle sich aus meinen Augen ergossen, während ich ständig wiederholte: "Bitte öffne mein Herz - mein Herz ist so verschlossen."... Jeder Blick auf Babaji und das Licht, das ihm umgab, führte meine Erfahrung in eine tiefere Schicht. Licht war um mich, göttliches Licht. Ich badete darin."

Das Buch des Lebens

v. Radha-Magdalena Bambeck, 2. Aufl. 1991, 120 S., Leinen mit Goldschnitt, Fadenheftung, 11 x 15,5cm, ISBN 3-926388-13-7 DM 19,80

Dieses Buch ist empfangen aus dem Göttlichen. Es enthüllt dir sein Wesen nur, wenn du bereit bist, dein Inneres zu öffnen. Seine Essenz läßt sich nicht mit kritisch-analytischen Gedanken erfassen, aber einem geöffneten Herzen quellen die inneren Reichtümer dieses Buches entgegen.

BABAJI - Pforte zum Licht, Ein Erlebnisbericht

von Gertraud Reichel, 2. Auflage 1989, 173 S., 9 Fotos, 11,5 x 18,5 cm, ISBN 3-926388-12-9 DM 16,80

Durch Traumvisionen geleitet fand 1970 ein junger Mann in einer Himalaya Höhle einen Sadhu "von vollkommener Schönheit", der wochenlang unbewegt in perfekter Yoga Haltung saß. Schließlich gab er sich als Inkarnation des legendären BABAJI zu erkennen, eines Himalaya- Heiligen aus dem 19. Jahrhundert, der seine Rückkehr angekündigt hatte. In den folgenden Jahren lebte und lehrte Babaji im nordindischen Haidakhan, bis er schließlich auf Ankündigung und - wie er sagte - "nach Erfüllung seiner Aufgabe" freiwillig 1984 seinen Körper verließ. Dieses Buch ist ein Querschnitt durch den Alltag in Haidakhan, den Reflexionen der Besucher, das Wirken Babajis sowohl im Ashram als auch auf Reisen. Es gibt die ganz persönlichen Erfahungen und Erlebnisse der Autorin wieder, die, durch einen Traum gerufen, Babaji mehrmals in den Jahren 1979 bis 1984 besuchte und ihn auf einigen Reisen durch Indien begleitete. Ein Buch, das das Herz anspricht.

BABAJI - Ich bin Du,
Botschaften des Meisters vom Himalaya

Maria Gabriele Wosien (Hrsg.), 4. Aufl. 1992, 118 S., 11 Fotos, 11,5 x 18,5 cm, ISBN 3-926388-23-4 DM 16,80

Ein authentischer Querschnitt durch die wichtigsten Reden, Lehren und Prophezeiungen Babajis, den viele Menschen als Avatar verehren, erweitert durch eine kurze Einführung in Leben und Werk dieses Meisters. Während der vierzehn Jahre, die er hauptsächlich in seinem Ashram in Haidakhan verbrachte, reformierte Shri Babaji das "Sanatana Dharma", die ewige, unvergängliche Religion, führte vedische Feuerzeremonien ein und verbreitete das Mantra Om namah Shivay (Herr, Dein Wille geschehe).

Solar- und Elektromobile

R. Reichel, (Hrsg.), Solarmobil Verein Erlangen.e.V., 3. akt. Aufl. 1993, zahlr. Abb., ca. 300 S., 21x15 cm, ISBN 3-926388-25-0, DM 32,00

Konstruktion eines Solarrennfahrzeuges

Thomas Jeltsch, 160 S, ca. 17x24cm, mit viel. Abbild., 1. Auflage 1990, ISBN 3-926388-15-3, DM 26,00